KB219419

안녕하세요 목사님 질문 있어요

안녕하세요 목사님
질문 있어요

김동호 지음

규장

제가 운영하는 유튜브 채널에 크게 네 꼭지가 있습니다.

날마다 기막힌 새벽.

날마다 기막힌 새벽 스쿨.

비전 아카데미.

그리고 시청자들이 보내준 질문에

답하는 형식으로 진행하는

'안녕하세요 목사님'입니다.

토요일마다 진행하는 '안녕하세요 목사님'이

벌써 200회를 넘었습니다.

개인의 질문에 답하는 형식이지만,

비슷한 고민을 가지고 신앙생활하는 분들에게

제법 도움이 되겠다 싶어서

이번에 책으로 출판하게 되었습니다.

처음부터 책으로 출판할 생각은 없었기에

질문을 해주신 분들에게

책의 출판과 관련한 안내가 전혀 없었습니다.

그래서 출판을 준비하며 질문을 보내주신 분들에게

일일이 그 내용을 책으로 내도 되겠느냐고 묻고

허락을 받아 출판하게 되었고,

몇몇 사연은 잘 연결이 되지 않아서

내용을 조금 수정하여(질문의 핵심은 건드리지 않고)

책을 내게 되었습니다.

관심을 가지고 좋은 질문들을 해주신 분들에게

감사드립니다.

비록 익명이기는 하지만

출판할 수 있도록 허락해주신 분들에게 감사드리고,

언제나처럼 정성을 들여 책을 만들어준

규장에도 감사드립니다.

그리고 아비의 자료를 잘 남겨주기 위해
한 번도 불평 없이 기쁨으로
이 일들을 감당해주는
우리 둘째 아들에게도 감사하고 싶습니다.

지열아 땡큐.
너 같은 아들을 둔 아비 그리 많지 않단다.

제가 드린 답이 다 정답이라고
생각하지는 않습니다.
그래도 이 책이 신앙생활을 하면서 생기는
이런저런 질문에 답을 찾기 원하는 분들에게
작은 도움이라도 될 수 있기를 기도합니다.
감사합니다.

김동호

서문

PART 1 궁금한 게 있어요

CONTENTS

PART
2
현실과 신앙 사이에서 중심 잡기가 어려워요

PART 3   하나님과의 관계가 어려워요

PART 4   신앙생활, 꼭 이렇게 해야 하나요?

PART
5

힘든 일이 있을 때 신앙을 어떻게 지켜야 하죠?

궁금한 게
있어요

1

하나님은 왜 사탄을 없애지 않으시나요?

Q

안녕하세요, 목사님?

저는 중학교 1학년 학생입니다. 저는 어릴 때부터 교회에 다녀서 사탄이 있다는 걸 알았습니다. 사실 그동안은 별생각이 없었는데, 요즘은 왜 하나님이 사탄을 소탕하지 않고 놔두시는지 모르겠어요. 사탄은 나쁜 짓만 저지르고 우리가 하나님 믿는 것을 방해하잖아요. 한마디로 사탄은 이 세상에서 쓸모없는 존재잖아요. 모기처럼요.

제가 좋아하는 소설 《로빈슨 크루소》에 비슷한 질문이 나와요. 로빈슨 크루소가 식인종에게서 구해낸 프라이데이가 로빈슨 크루소를 통해 하나님을 알게 되면서 악마(사탄)에 대해 물어보는데, 요지는 하나님이 악마보다 힘이 더 세면 그놈이 나쁜 짓을 더는 못하게 왜 악마를 안 죽이냐는 것이었어요.

이런 질문에 크루소는 인간과 악마 모두 나쁜 짓을 하는데, 모두 목숨을 보전하고 있는 까닭은 주님이 회개하고 용서 받을 수 있는 기회를 주시는 것이라고 답합니다. 그런데 저는 이해가 되지 않습니다. 사람이라면 몰라도 악마가 회개할 것 같진 않거든요. 그건 하나님도 아실 텐데, 왜 사탄을 우리 곁에 그냥 두시는 건가요? 두서없는 이야기지만 너무 궁금합니다.

매우 중요한 질문을 해주었어요. 우리는 하나님이 이해되지 않을 때가 참 많습니다. 이해하려고 노력은 하지만, 때로는 아무리 노력해도 이해 안 될 때가 있습니다. 그럴 때 저는 이 원칙을 생각합니다.

'이해하려고 노력하자. 하지만 노력했는데도 이해가 안 되면 그냥 거기서 포기하고 나중에 하나님나라에 가서 물어보자. 하나님의 뜻이 있으시겠지. 내가 잘 몰라서 그렇지, 하나님이 옳으셔. 내가 이해가 안 된다고 하나님이 틀리신 것은 아니야.'

이런 전제에서 시작하면 '왜 그렇지?'라고 의문을 가지며 하나님의 뜻을 이해하려고 애쓰는 일이 우리 신앙생활을 더 건강하게 하는 것 같습니다.

학생이 준 질문에 제가 생각한 바를 조금 설명해보겠습니다. 그런데도 정 이해가 안 되면 우리 나중에 하나님나라에 가서 물어보면 되지 않을까요?

사탄은 왜 있을까요? 하나님은 왜 사탄을 없애지 않으셨을까요? 이 질문을 받고 떠오른 성경 구절이 하나 있습니다.

그런즉 너희는 하나님께 복종할지어다 마귀를 대적하라 그리하면 너희를 피하리라 약 4:7

하나님은 우리에게 "마귀를 대적하라"라고 하십니다. 마귀하고 싸우라고 우리에게 시키신 것입니다. 하나님이 직접 싸우지 않으시고 우리보고 싸우라고 하십니다. 저는 여기에 하나님이 사탄을 내버려 두시는 뜻이 있다고 생각했습니다. 우리가 싸우라고 말입니다. 그리고 하나님은 뒤에서 응원하시는 것입니다.

'내가 도와줄게. 네가 사탄과 싸워서 이기도록 내가 도와줄게. 싸우기는 네가 싸워라.'

그렇게 싸워서 이기면, 사실은 우리 힘으로 이기는 게 아니라 하나님이 다 도와주셔서 이기는 것입니다. 그런데도 하나님은 '네가 이겼다! 네가 사탄과 싸워서 이겼다!'라고 하십니다. 기뻐하시고 칭찬하시고 상도 주실 겁니다. 그래서 우리에게 대적하라고 하셨지, 하나님이 없애지 않으신 것입니다.

그러면 사탄과는 어떻게 싸우나요? "하나님께 복종할지어다"가 무기입니다. 하나님의 말씀에 순종하고 복종하면 마귀와 싸워 이기는 것입니다. 그래서 우리가 예수님을 더 열심히 믿고 하나님께 더 순복하려는 싸움을 치열하게 해야 하는 것입니다.

만약 사탄이 없다면 어떨까요? 사탄이 없다면 우리는 죄도 안 짓고 나쁜 일도 안 할 것입니다. 그런데, 사탄이 없으면 나쁜 일을 안 할까요, 못할까요? 사탄이 유혹하지 않고 사탄이 없다면 아마 이 세상에 죄짓는 일은 없어지겠지요. 그런데 그게 죄를 안 짓는 걸까요, 못 짓는 걸까요? 싸움이 없다면 패배도 없겠지만, 싸움이 없다면 승리도 없는 것입니다.

승리를 위해서는 싸워야 합니다. 의를 위해서는 하나님께 순복함으로 사탄과 싸워야 합니다. 싸워서 승리해야 합니다. 그래서 하나님은 아마 사탄을 내버려두시고 우리에게 싸우라고 하시는 것이 아닐까 생각했습니다.

답이 됐을까요? 하나님은 야고보서 4장 7절을 통하여, '너는 마귀와 싸워라. 내가 이기게 해줄게. 너 이길 수 있어. 너는 네 마음속에서, 네 삶 속에서 사탄과 대적해서 이길 수 있어'라고 말씀하십니다.

그래서 사탄과 싸우는 사명을 우리에게 주시고 응원하십

니다. 또 우리가 승리할 때 하나님은 우리를 칭찬하시고 우리에게 상 주시며 영광을 돌려주십니다.

악에게 지지 말고 선으로 악을 이기라 **롬 12:21**

'마귀하고 싸우는데, 하나님께 순복함으로 대적하라.'

이것이 하나님이 주시는 답이지 않나 싶습니다. 질문을 준 학생뿐만 아니라 우리 모두 마귀를 대적하고 마귀와 싸우고 하나님께 순복하는 그런 신앙의 싸움을 잘 싸워나가길 바랍니다. 사랑합니다♡

2

신앙생활을 따로 하지 않는 믿음은 가짜 믿음인가요?

Q

안녕하세요, 목사님?

저는 고등학생이고, 일곱 살 때부터 교회에 다니며 하나님을 믿었습니다. 어려서부터 믿어서 그런지, 하나님과 직접 소통하는 영적 경험이 없었어도 하나님이 계신다는 사실은 단 한 번도 의심해본 적이 없습니다. 그래서 좋은 일이 있거나 나쁜 일이 있을 땐 자동적으로 마음속으로 하나님을 부르게 됩니다.

그런데요 목사님, 저는 요즘 기도 외에는 하나님과 관련된 활동을 전혀 하지 않습니다. 성경 공부를 하거나 교회를 다니거나 하지 않아요. 솔직히 하고 싶다는 생각도 안 들지만, 공부 때문에 시간도 부족하다고 느껴집니다. '혼자라도 하나님을 믿기만 하면 되지'라고 생각하다가도 가끔은 신앙생활을 전혀 하지 않는 제 모습에 죄책감이 들기도 합니다. 저처럼 교회생활이나 신앙생활을 하지 않아도 괜찮나요?

A

고등학생이면 우리 큰 손녀와 또래인 것 같은데, 중요한 질문을 해주었습니다. 우선 성경 구절로 답부터 말씀드릴게요.

> 모이기를 폐하는 어떤 사람들의 습관과 같이 하지 말고 오직 권하여 그날이 가까움을 볼수록 더욱 그리하자 히 10:25

> 날마다 마음을 같이하여 성전에 모이기를 힘쓰고 집에서 떡을 떼며 기쁨과 순전한 마음으로 음식을 먹고 행 2:46

명확한 성경의 답입니다. 하나님을 혼자 믿어도 믿기만 하면 될 것 같은데, 왜 성경은 성전에 모이기를 힘쓰라고, 마지막 날이 가까울수록 모이기를 폐하는 사람들처럼 하지 말라고 할까요?

이 질문에 답하기 전에 질문을 먼저 해보겠습니다. 지금 고등학생이니 대입 준비를 위해 한창 공부하느라 바쁠 겁니다. 그런데 꼭 학교에 가야만 공부를 잘 할 수 있을까요? 학교에 가지 않고 혼자서 공부하면 안 될까요? 그렇진 않지요. 혼자서도 공부할 수 있습니다. 하지만 학교에 가서 공부하면 공부를 잘할 수 있는 기회가 더 생깁니다. 그러니 많은 사람들이 좋은 학교에 들어가고 싶어 하는 것 아닐까요?

저는 교회도 그렇다고 생각합니다. 혼자 예수님을 믿어도 천국에 갈 수 있겠지만, 교회가 주는 유익이 말도 못 하게 큽니다. 그래서 좋은 학교에 들어가는 것처럼, 좋은 교회를 찾아서 함께 신앙생활을 하고 믿음의 친교를 나누며 예배를 드리고 함께 하나님이 기뻐하시는 일들을 하는 것은 포기할 수 없는 매우 중요한 일이라고 생각합니다.

그러면 교회생활을 하면 어떤 유익이 있을까요? 아무래도 혼자서는 게을러집니다. 그리고 혼자서는 말씀에 대한 깨달음과 은혜, 거기서 받는 신앙적 유익을 얻을 기회가 적지요. 교회에서 함께 모여 나눌 때 그런 기회가 아무래도 많습니다. 많은 정보를 얻을 수 있고, 은혜를 받을 수 있으며, 또 함께 모여 예배하는 기쁨이 정말 큽니다.

저는 신앙생활 하면서 가장 좋았던 것이, 교우들과 모여서 함께 찬양하고 기도하고 "아멘"으로 화답하면서 목사님의 설교를 듣는 것이었습니다. 그런데 그 유익을 누리지 못하고 혼자서 마음으로만 기도한다고 하니, 조금 안타까운 마음이 들었습니다.

그리고 저는 무엇보다 교회에서 좋은 스승과 좋은 친구들을 만날 수 있었습니다. 저는 제 인생의 가장 좋은 친구들과 스승님을 교회 안에서 만났습니다. 지금까지 육십 년이 넘도록 '야, 자' 하면서 가깝게 지내고 있습니다. 좋은 친구들과 좋은 스승님을 만난 게 제 인생에 얼마나 큰 복인지 모릅니다. 사랑하는 학생도 그런 복을 놓치지 않았으면 좋겠습니다.

문득 좋은 교회는 좋은 뷔페 같다는 생각이 듭니다. 근사하고 훌륭한 요리들이 가득 차려져 있는 뷔페 같습니다. 함께 모여서 근사한 요리를 먹으며 기쁘게 교제와 복을 나누는 곳이기 때문입니다. 혼자서 신앙생활 하는 것은 자칫하면 겨우 죽지 않을 만큼만 끼니를 먹는 것과 같을 수 있습니다.

혼자 예수 믿어도 천국에 갈 수 있습니다. 혼자서 신앙생활 하는 것도 귀한 일입니다. 그러나 하나님나라의 그 풍성한 복을 혼자서 누리기가 무척 어렵습니다. 불가능한 것은 아니지만 어렵습니다. 그래서 질문을 주신 학생뿐만 아니라 교회 생활을 하지 않는 성도들이 꼭 좋은 교회를 찾아서 풍성한 신앙생활을 하는 복을 누리게 되길 '강력 추천' 합니다. 사랑합니다 ♡

3 천국에도 상급에 따른 차별이 존재하나요?

Q

안녕하세요, 목사님?

저는 십 대 시절부터 교회에 다녔고 지금은 안수집사입니다. 그런데 신앙의 수준은 신앙생활 한 시간만큼 깊어지질 못해서 인지, 설교를 듣다 보면 궁금한 게 많습니다. 어린아이 같은 질문이지만 천국에 대한 궁금증이 있어서 질문드립니다.

그동안 천국에 관한 설교를 들을 때면 상급에 대한 이야기를 듣곤 했는데, 그때마다 '천국에서 그 상급에 따라 차별이 있는 걸까'라는 의문이 들었습니다. 천국은 슬픔도 아픔도 없고, 시기와 질투도 없는 곳이라고 믿고 있는데, 상급에 대한 차별이 있다는 게 너무 모순 같습니다. 정말 천국엔 상급에 따른 차별이 있나요?

A

어린아이 같은 질문이라고 하셨는데, 아주 좋은 질문을 해주셨습니다. 오래 신앙생활을 해오면서도 그러려니 넘기지 않고 궁금증을 가지고 질문을 해주신 것이 너무 훌륭합니다.

천국에 대해 설교할 때 성경의 여러 본문을 사용하는데, 제가 천국과 관련하여 가장 자주 인용하는 말씀 중 하나가 마태복음 20장의 포도원 주인의 비유입니다. 포도원 주인의 비유는 예수님이 천국에 대해 설명해주시려고 말씀해주신 비유인데, 이 비유에서 우리는 천국에 대한 힌트를 얻을 수 있습니다.

포도원 주인이 이른 새벽에 장터에 나가 포도원에서 일할 일꾼들을 찾아 하루 한 데나리온의 품삯을 약속하고 포도원에 들여보냈습니다. 오전 아홉 시에도 나가서 일꾼들을 포도원에 들여보냈고, 열두 시에도 나가서 일꾼들을 포도원에 들여보냈습니다. 오후 세 시에도 나갔고, 심지어는 오후 다섯 시에도 나가서 일꾼들을 포도원에 들여보냈습니다. 오후 여섯 시면 일이 끝나니까 다섯 시부터 일하기 시작한 사람들은 한 시간만 일을 한 것입니다.

일과가 끝나고 포도원 주인은 제일 늦게 포도원에 들어온 일꾼들부터 품삯을 챙겨주었습니다. 성경을 보면 오후 다섯 시에 들어온 사람에게는 얼마의 품삯을 주겠다고 약속하는 내용이 없습니다. 그리고 그들은 자신이 아침 일찍부터 일한 사람들처럼 한 데나리온을 받으리라는 기대는 하지 않았을 것입니다. 그런데 주인이 오전 아홉 시에 들어온 사람에게 약속한 것과 똑같은 한 데나리온의 일급을 주는 게 아닙니까? 나중에 들어온 일꾼들이 한 데나리온의 품삯을 받는 것을 보고 아침 일찍부터 일한 사람들은 내심 기대했을 것입니다.

'한 시간 일한 사람이 한 데나리온을 받았으니, 아침부터 일한 나에게는 얼마라도 더 챙겨주겠지.'

그런데 그들에게도 똑같이 처음 약속된 한 데나리온의 품삯만 주어졌습니다. 그러자 그들은 불평을 토로했습니다.

'하루 종일 땡볕에서 일한 우리와 저녁에 들어와서 한 시간만 일한 사람에게 어떻게 똑같은 품삯을 줄 수 있습니까? 너무 불공평합니다.'

예수님은 천국을 설명해주기 위해 이 비유를 말씀하셨다고 했습니다. 그리고 나중에 이 비유를 설명해주시는데, "나중 된 자로서 먼저 되고 먼저 된 자로서 나중 되리라"(마 20:16)라고 하셨습니다. 이 말씀은, 늦게 들어온 사람도 잘되는 수가 있고 먼저 시작했다고 다 잘되는 게 아니란 뜻입니다.

저는 이 비유가 천국에 상급에 따른 차별이 있냐는 질문에 대한 답이 되겠다고 생각했습니다. 일찍 들어왔든 늦게 들어왔든 똑같은 품삯을 받은 것을 보면 천국에 특별한 상급은 없다고 할 수 있습니다. 더욱이 상급이 있대도 상급을 많이 받은 부유한 자와 상급을 적게 받은 가난한 자의 차별 같은 것은 더더욱 있으리라 생각되지 않습니다.

한번은 제가 이 비유로 설교할 때, 이렇게 접근해보았습니다. 사실, 하루 종일 일하고 한 데나리온 받은 사람이 불평하는 것은 당연합니다. 그 사람의 불평이 잘못된 것은 아닙니다. 거꾸로, 한 시간 일하고 하루 종일 일한 사람과 똑같은 품삯을 받은 사람이 횡재한 것이지요.

그런데 만약 한 시간만 일하고 한 데나리온을 받은 사람이 남이 아니라 자기 아들이었다면 어땠을까요? 그래도 주인에게 불평했을까요? 그 차별에 대해서 원망했을까요? 아닐 것입니다. 아들의 횡재를 배 아파하지 않고 도리어 기뻐하며 주인에게 감사하지 않았을까요?

예수님은 '천국이 이와 같다'고 하셨습니다. 그러니 한 시간 일하고 한 데나리온 받은 횡재한 사람이 남일지라도, 그것을 내 일처럼 기뻐해주고 박수 쳐주며 주인이 훌륭한 사람이라고 칭찬해주는, 그런 사고방식을 가진 나라가 하나님나라가 아닐까 생각했습니다. 질문하신 것처럼 하나님의 나라는 시기와 질투가 없는 나라니까 말입니다.

그래서 저는 하루 종일 일한 사람과 한 시간 일한 사람이 같은 품삯을 받았다는 것은, 어떤 의미에서는 차별이 있는 곳이라고 볼 수 있겠지만, 그 차별조차 시기하거나 질투하지 않고 나보다 남이 잘되었을 때 그것을 더 기뻐해주고 축하해주는 곳이 하나님나라라고 설명해드리고 싶습니다. 다시 말해, 차별이 있을지라도 그것이 차별이 되지 않는 나라인 것입니다.

그리고 우리가 하나님나라에 들어갔다고 하면, 그것만으로도 우리는 이미 큰 상을 받은 것입니다. 영원히 하나님과 함께 사는 것은 이 세상의 모든 축복을 다 가져와 합쳐도 비교되지 않는 최고의 복입니다.

사도 바울은 이렇게 말했습니다.

또한 모든 것을 해로 여김은 내 주 그리스도 예수를 아는 지식이 가장 고상하기 때문이라 **빌 3:8**

내가 이미 가장 큰 것을 받았기 때문에, 있어도 좋고 없어도 아무런 문제가 없는 것들을 다른 사람이 받든 안 받든 나에게 전혀 문제가 되지 않는 곳이 하나님나라가 아닐까요?

하나님나라에 상급에 따른 차별이 있는지 없는지에 대해서는 깊이 생각해보지 않았지만, 이런 점에서 천국은 차별이 있어도 없어도 아무런 문제가 되지 않는 그런 나라가 아닐까,

설령 차별이 있다고 할지라도 그 차별까지도 기뻐하고 즐거워하는 곳이 아닐까 생각합니다. 그 마음 때문에 서로 더 사랑하고 화목하며 살아가는 나라일 것이라고 말입니다. 이것이 제가 이해하는 천국입니다.

우리가 이미 다 받은 구원의 복, 영성의 복, 하나님과 동거하는 복 때문에 세상의 모든 자랑과 차별이 하나도 자랑과 차별로 느껴지지 않는 삶을 사는 은혜를 누리기 바랍니다. 사랑합니다♡

4

내가 용서하지 않은 사람을 왜 하나님이 용서하시나요?

Q

안녕하세요, 목사님?

저는 어릴 때부터 교회를 다녔지만, 그동안 제가 만났던 목회자들에게서 상처도 많이 받았고, 교회에 대한 염증도 많아 교회를 떠났습니다. 그러다 목사님의 '날마다 기막힌 새벽'을 알게 되고 메시지를 들으면서 하나님에 대해 새롭게 알게 되었고, 오랜만에 영혼에 생기가 도는 것을 느끼게 되었습니다. 그래서 다시금 용기를 내서 신앙생활을 해보려고 합니다.

그런데 제가 하나님을 온전히 믿기에는 마음에 풀리지 않는 응어리가 있습니다. 저는 형제 많은 집의 막내로 제가 어릴 때 어머니가 돌아가셨고, 몇 달 만에 재혼하신 아버지에게서 버림받았습니다. 형편이 어려워서가 아니라 단지 새어머니가 저희를 키우기 싫어하신다는 이유만으로요. 저희 형제들은 한 명씩 다른 집으로 보내졌고, 저는 남의 집에서 식모살이하며 비참한 생활을 해야 했습니다.

십 대가 되었을 때, 스스로 앞길을 찾지 않으면 아무도 나를 책임져주지 않는단 사실을 깨닫고 그 집에서 나와 길에서도 자고 숙식 제공하는 곳에서 일하며 독한 마음으로 살았습니다. 너무 힘든 삶이었지만 어찌어찌 결혼도 하고 자녀들도 벌써 성인이 되었습니다. 아버지에 대한 복수심으로 이 악물고 버렸는데, 우연히 아버지에 대한 소식을 들었습니다. 아버지가 교회를 다니면서 자식들을 버린 죄와 다른 여러 죄를 회개하고 죄사함을 받았다며 홀가분하게 산다는 것입니다. 솔직히 적지 않은 충격을 받았습니다. 버러지 같은 사람도 하나님이 용서해주시면 끝인가요? 저는 아닌데요? 하나님의 존재를 알고 믿게 되면서 '나도 아버지를 용서해야 하나?' 하는 생각 때문에 너무 괴롭습니다. 그럴수록 하나님은 왜 어렸던 저를 그토록 힘든 상황에 내버려두셨는지 이해가 안 됩니다. 그리고 저도 용서하지 않은 사람을 왜 용서해주셨을까요? 저는 앞으로 어떻게 해야 할까요?

사연을 읽으며 마음이 많이 아팠습니다. 솔직히 마음이 아픈 게 아니라 분노 같은 것이 올라왔습니다. 듣기만 해도 분노가 이는데, 당사자는 어땠을까요? 하나님이 왜 나를 내버려두셨을까 싶어서 하나님이 이해되지 않는다고 하셨는데, 충분히 이해가 됩니다.

그런데 저는 하나님이 내버려두신 것으로 생각하지 않습니다. 육신의 아버지는 내버려두었지만, 하나님은 내버려두지 않으시고 끝까지 지켜주셔서 삶을 개척하고 결혼도 하고 가정을 이루어 자녀들도 잘 키우게 하셨다고 저는 믿습니다. 하나님이 아니었으면 아마 죽지 않았을까요? 그 어려운 상황 속에서도 그걸 이겨내고 극복하는 힘이 저는 하나님에게 있었다고 생각합니다.

하지만 '하나님 왜 나를 버리셨어요?'라고 원망할 때 하나님은 섭섭해하지 않으실 것입니다. 하나님도 충분히 이해하실 것입니다. '그래, 너를 내버려둔 것은 아니지만, 그렇게 생각할 만하다'라고 말씀하실 것이라고 생각합니다.

사연을 읽으며 가슴 아프면서도 한 가지 참 감사한 표현을 발견했습니다. 날기새 설교를 들으며 영혼에 생기가 돈다는 말입니다. 문제의 해결 방법이 여기에 있습니다. 아버지에 대한 원망은 '생기'(生氣)가 아니라 '사기'(死氣)입니다. 나를 자꾸 죽이고 깎아내리는 '죽음의 기운'입니다. 반면, 말씀을 통해 받는 하나님의 은혜는 '생명의 기운'입니다.

저는 암 선고를 받고 참 많이 힘들었습니다. 처음엔 하루 종일 암을 묵상했습니다. 유튜브에서 암을 찾아보고, 보고 나면 우울하고 두렵고 무섭고 원망스러운 마음이 제 내면을 꽉 채웠습니다. 그러다 어느 날 '암을 묵상하며 암으로 나를 꽉 채우지 말고 생기를 채우자. 아침에 일어나서 말씀으로 채우자'라고 생각했습니다. 그렇게 은혜를 채우면, 암에 대한 우울한 생각과 불안과 원망 같은 '사기'들이 왔다가도 도로 밀려가지 않겠습니까? 그냥 물리치는 것은 참 어렵습니다. '사기'가 왔다가도 자리가 없어서 도로 물러가도록 은혜와 생기로 먼저 채워야 합니다.

그러니 '사기'를 물리치려고 애쓸 필요는 없습니다. 그건 그냥 내버려두고 먼저 은혜받는 일, 감사하는 일, 좋은 일을 채우는 것입니다. 날기새를 들으며 생기가 돈다고 하셨으니 날기새도 더 열심히 듣고, 말씀도 열심히 보면서 억지로 '사기'를 물리치려는 게 아니라 속을 생기로 가득 채우는 것입니다. 그렇게 되면 죽음의 기운이 왔다가도 자리가 없어서 밀려날 것입니다.

"은혜는 물에 새기고 원수는 돌에 새긴다"라는 말이 있습니다. 사람의 본성은 상처와 사기는 돌에 새기고 안 잊어버립니다. 잊어버리면 억울할 것 같아서 안 잊어버리는 것입니다. 그런데 그것 때문에 자신이 고통받습니다. 저는 그게 억울한 일이라고 생각합니다. '나를 버린 아버지'로 상처를 끝내야지, 지금 내 가정도 있는데 과거의 상처에 에너지를 다 빼앗긴 채 살면 그게 더 억울한 일 아닐까요?

저는 아버지를 용서하고 잊으라는 말은 하고 싶지 않습니다. 쉽지 않은 일이란 걸 압니다. 그런데 혹시 가능하다면 현재의 가족과 행복을 위해 버리라고 얘기해주고 싶습니다. 하지만 버리려고 노력하진 마세요. 그건 쉽지 않습니다. 남의 이야기니까 잊으라고, 용서하라고 쉽게 말할 수 있는 것이겠지요. 당사자라면 그게 어떻게 그렇게 쉽게 되겠습니까? 잊으려고 하지 말고, 채우려고 하세요. 그게 제가 드리는 답입니다. 생기를 채우세요. 이미 맛보기 시작하셨으니, 날마다 하나님의 생기로 가득 채우시기를 바랍니다.

그렇게 생기가 꽉 차게 되면 그다음에 잊어버리는 힘 혹은 용서하는 힘을 하나님이 주실 것입니다. 그건 그때 가서 하나님이 주시는 대로 하면 됩니다. 지금은 그저 사기를 채우지 말고 생기를 채우세요. 그렇게 받은 은혜는 돌에 새기고 원수는 물에 새겨보세요. 그리고 아버지를 잊거나 용서해야 할 이유가 있다면, 그것은 아버지 때문이 아닙니다. 자기 자신, 내 남편, 내 자녀, 내 행복 때문입니다. 당사자가 고통당하면 그 아픔과 슬픔이 남편과 아이들에게도 전해집니다. 사랑하는 아내가, 엄마가 과거의 상처로 평생 괴로워하는 걸 보면서 사는 것도 가족들에게는 괴로운 일일 것입니다. 그러니 아버지를 위해서라거나 믿음 때문이라는 이유가 아니라 본인을 위해서 그것을 물에다 흘려버리는 것입니다.

저는 윤동주 시인의 시를 참 좋아하는데, 〈초 한 대〉라는 시가 있습니다. 시인은 그 시에서 예수님을 초 한 대에 비유했습니다. 그 시에 '매를 본 꿩이 도망가듯이 암흑이 창구멍으로 도망간'이라는 표현이 있습니다. 초에 붙은 불이 얼마나 위태로워 보입니까? 그러나 심지 하나에 생명을 의지하여 하늘거리는 그 위태로운 빛에 암흑이 창구멍으로 도망간다고 했습니다. 어둠은 힘으로 내쫓을 수 없습니다. 그러나 불을 '탁' 키면 그 어둠은 물러갑니다. 빛으로 어두움을 이기는 것이고, 생기로 사기를 이기는 것입니다. 날마다 은혜를 채워서 은혜의 생기가 풍성하면, 어둠과 사기들은 저절로 물러가게 되어 있습니다. 그러니 사기와 싸우지 말고 생기를 더 채우도록 생기와 싸워야 하는 것입니다.

하나님의 말씀으로 불을 붙이고 삶을 밝히고 사랑하는 자녀와 남편을 보며 마음의 불을 밝혀, 그 빛으로 아팠던 지난 삶의 어둠을 물리치고 승리하길 바랍니다. 사랑합니다♡

5

천국의 확신이 있는데 왜 여전히 죽음이 두려울까요?

Q

안녕하세요, 목사님?

저는 모태신앙으로 예수님을 오래 믿어온 사십 대 성도입니다. 저는 이십 대 때 암이 발병하여 투병하였는데, 그 때문인지 죽음에 대한 공포가 심한 편입니다. 최근 암이 다시 재발한 상태인데 요즘 부쩍 죽음에 대한 공포가 심해졌습니다.

죽음은 모두가 필연적으로 겪는 현상이고, 죽고 사는 일은 만물의 주권자이신 주님만이 아시는 일이라는 걸 압니다. 게다가 저 역시 크리스천으로 예수님 안에서 죽음을 맞이하면 이 땅보다 더 좋은 주님의 나라에 가게 된다는 것을 아는데도 왜 저는 죽음을 두려워하는 것일까요? 믿음이 부족한 걸까요? 어떻게 하면 평안을 누릴 수 있을까요?

A

죽음을 두려워하는 것은 꼭 믿음이 없어서가 아닙니다. 사람은 누구나 다 죽음을 두려워합니다. 하나님이 그렇게 만드셨습니다. 죽음을 두려워하는 것은, 생명을 잘 지키고 보전하게 하려고 하나님이 마련해주신 일종의 안전장치입니다. 높은 곳에 서면 아찔하고 다리가 후들후들합니다. 무서워서 자기도 모르게 뒤로 물러서지요. 그것이 생명을 지키고자 하는 안전장치입니다. 거기서 무섭지 않다면, 방심하다가 떨어질 확률이 높겠지요.

살다 보면 사는 게 너무 힘들어서 차라리 죽고 싶다는 생각이 들 때도 많습니다. 그때마다 죽음이 두렵지 않았다면 우리는 벌써 죽었을 것이고, 그랬다면 인류는 벌써 다 멸망했을 것입니다. 죽음에 대한 공포는 우리 인간에게만 있는 것이 아니라 모든 동물에게 주신 본능입니다. 그래서 동물과 자연과 인류가 생명을 보존하며 여기까지 이어오게 된 것이지요.

이십 대 어린 시절에 암에 걸렸다고 했는데, 그때도 무서웠을 겁니다. 만약 죽음에 대한 공포가 없었다면 치료를 포기하고 그때 죽었을지도 모릅니다. '아유, 이렇게 힘든 치료 안 받고 나 그만 죽을래'라고 했다면 지금까지 살아 있지 못했을 것입니다. 죽음에 대한 공포가 있었기 때문에 어떻게든 이겨내려고 애를 쓰다 보니 지금에 이른 것입니다. 그러니 믿음이 없어서 죽음을 두려워한다고 생각하지 마세요. 자책하지 말고 '하나님이 생명을 지키라고 주신 안전장치구나'라고 받아들이면 좋겠습니다.

그렇다고 무한정 무서워만 하면 사탄에게 걸려들 수 있습니다. 죽음의 공포를 이용해서 사탄이 술수를 부리기 때문입니다. 저도 암 판정을 받고 암 투병을 했는데, 저라고 안 무서웠을까요? 저도 무섭고, 두렵고, 우울하고, 불안했습니다. 오죽하면 하루 종일 암 충만한 삶을 살았다는 표현을 했겠습니까? 그렇게 암에 짓눌려 지내다가 어느 날 엉뚱하게 어렸을 때 아버지가 해주셨던 이야기가 생각났습니다.

어려서는 제가 숫기도 별로 없고 나서는 것도 싫어하고 구석에 숨어 있곤 했는데, 그러다 보니 밖에서 잘 맞고 들어왔습니다. 아버지는 제가 맞고 들어오는 것을 몹시 싫어하셨습니다. 그래서 어린 저를 앞에 세워두고 싸움을 가르치셨습니다.

"손자병법에는 적을 알고 나를 알면 백전백승이라고 하지만, 지금은 그런 것 필요 없어. 때려줄 놈인가 아닌가만 알면 돼. 그리고 때려줘야겠다고 생각하면, 묻지도 말고 따지지도 말고 먼저 때려. 그러면 싸움 끝이야."

요즘 아이들 말로 '선빵 날려라'라는 것입니다. 대부분의 싸움은 기 싸움이 관건인데, 먼저 때리는 것이 기 싸움에서 이기는 방법이란 것입니다. 제가 정말 그렇게 해봤습니다. 제가 먼저 덤벼들고 소리 지르며 달려들자 진짜로 물러나는 것입니다. 암 투병을 하면서 그때 생각이 났습니다. 그리고 '암에게 선빵을 날려야겠다'고 결정했습니다. 그렇게 해서 시작한 것이 '날마다 기막힌 새벽'이라는 유튜브 설교입니다. 아침에 일어나면 암에 대한 두려움 대신 은혜를 먼저 채워야겠다고 생각했는데, 그게 '선빵'입니다. 그리고 그 '선빵 작전'이 나름 성공하여 죽음의 공포와 암의 우울을 잘 이겨낼 수 있었습니다.

아침에 일어나면 암과 싸우려 하지 말고 은혜와 싸워보시길 바랍니다. '내가 은혜를 먼저 받지 않으면 암이 주는 죽음의 공포에 휩싸여서 하루 종일 암에 쫓길 거야. 나는 은혜를 먼저 받아야 해'라고 결단하고 전투하듯 기도하세요. 은혜를 달라고, 마음의 평화를 달라고 말입니다.

그리고 성경을 보면서 그냥 읽지 말고 계속해서 은혜를 구하세요. '하나님, 오늘에 합당한 은혜를 주세요. 저는 은혜 없이 살 수 없는 사람입니다. 하나님이 주시는 성령의 감동 없이 살 수가 없습니다. 하나님이 주시는 평안을 주세요'라고 구하면서 말씀을 읽어보세요.

암 환우들이 제일 심란한 때가 CT 찍고 결과를 보러 가는 날입니다. 제가 폐암 수술을 하고 첫 번째 CT를 찍었는데, 한

번에 통과가 안 됐습니다. 수술한 자리에 동그란 뭔가가 보인다는 것입니다. 암이 재발한 줄 알고 얼마나 심란했는지 모릅니다. 재검사를 하고 결과가 나오기 전에 방에 앉아 있는데, 창밖으로 비가 주룩주룩 내리고 있었습니다. 그 비를 보면서 "평화 평화로다 하늘 위에서 내려오네"라는 찬송이 떠올랐습니다. 하지만 그 찬송을 부르면서도 제 속에서 평화가 솟아나질 않았습니다. 두려우니 말입니다. 그래서 하나님께 기도했습니다.

'하나님, 평화를 비처럼 내려주세요.'

그렇게 하루 종일 찬송하고 기도하며 보냈는데, 정말 하나님이 주시는 평화가 하늘에서 내려오는 것입니다. 그러자 찬송 하나가 또 생각났습니다. "어디든지 예수 나를 이끌면"이라는 찬송가였습니다. 후렴에 '어디를 가든지 겁낼 것 없네. 어디든지 예수 함께 가려네'라는 가사가 있는데, 이 가사가 큰 은혜가 되었습니다. 재발이 되었느냐 안 되었느냐도 중요하지만, 재발이 되었어도 주님과 함께 가면 겁낼 것 없다는 고백이 나왔습니다. 하나님은 나보다 강하시니 말입니다. 그 찬송을 통해서 평화가 제 마음에 임했습니다. 그러고는 정말 평안하고 태평한 마음으로 병원에 가서 결과를 들었습니다. 다행히 재발하지 않아서 잘 넘어갔습니다만, 결과를 듣기 전에도 이미 제 마음에는 평화가 있었습니다.

암 수술을 받고, 재발하고, 계속 투병 중인데 불안하지 않고 두렵지 않다면 그것도 비정상입니다. 두려운 게 정상이에요. 그렇기에 살려는 의지를 가지고 살길을 계속 찾는 것 아니겠어요. 그리고 성도님에게는 이미 굉장히 중요한 믿음이 있습니다. 사람은 누구나 다 죽는다는 것을 알고 있고, 또 예수 안에서 죽으면 천국이 있고 영생이 있다는 것을 믿으시잖아요. 지금 당장은 두려움 때문에 흔들리는 것 같아도 그것이 기초입니다. 이 믿음의 기초 위에서 두려움을 이겨낼 수 있을 것입니다.

암에게 선빵을 날리세요. 아침에 일어나자마자, 암과 죽음에 대한 생각이 들어오기 전에 먼저 공격적으로 은혜를 사모하세요. 평화를 달라고 기도하세요. 그리고 자꾸 하나님의 말씀과 부활에 대한 메시지를 찾아서 읽으세요. 마음의 평화가 임하면 능히 이겨내리라 믿습니다. 우리 뒤에는 예수님이 계십니다. 두려움을 발로 차세요. 아프고 절박한 사람의 기도는 간절합니다. 그 간절함으로 남이 캐지 못하는 은혜와 축복의 말씀을 찾아낼 수 있는 기회가 더 많습니다. 그 은혜로 승리하기 바랍니다. 사랑합니다♡

6

어떻게 하면 신앙이 변질되지 않을 수 있나요?

Q

안녕하세요, 목사님?

저는 믿음의 가정에서 태어났지만 이제야 하나님과 교제하는 기쁨을 깨달아가고 있습니다. 매 순간 대화하듯 기도하고 말씀에서 답을 찾으며 사는 요즘의 신앙생활이 너무 즐겁고 만족감을 줍니다. 앞으로도 지금처럼 하나님과 함께하며 하나님이 원하시는 삶을 살고 싶습니다.

그런데 훌륭한 목회자나 신앙이 깊었던 분들이 여러 상황에서 변질되는 모습을 보게 되면서 저 또한 그렇게 변질되지 않을까 두려워졌습니다. 믿음이 그렇게 좋았던 분들도 변질되는 모습을 보이는데, 저처럼 아직 믿음이 연약한 사람이 어떻게 흔들리지 않고 하나님 한 분만으로 만족하는 삶을 살 수 있을까요? 사는 동안, 변질되지 않고 갈수록 하나님과 더 깊은 관계를 누리고 싶습니다.

목사님께서도 신앙이 변질될 수도 있었던 순간들을 겪으셨

겠지요? 그럼에도 믿음을 지키실 수 있었던 목사님의 방법이
궁금합니다.

A

참 좋은 사연입니다. 특히 '말씀에서 답을 찾으며 사는 것이
너무 즐겁다'는 고백이 참 좋았습니다. "어떻게 하면 변질되지
않고 신앙을 끝까지 잘 지킬 수 있을까?"라는 질문을 주셨는
데, 참 귀한 질문입니다.

예화 하나를 먼저 말씀드리려고 합니다. 우리 막내 아이가
두 돌이 지나 말을 배우기 시작했는데, 제일 먼저 배웠던 말이
'엄마', 그 다음 말이 '아빠'였습니다. 그리고 세 번째쯤으로 빨
리 배운 말은 아마 '백 원'이 아니었을까 싶습니다. 아이들은
아무것도 모르면서 "백 원, 백 원" 하지 않습니까? 어렸을 때
큰 아이와 둘째 아이가 "백 원, 백 원" 해서 백 원짜리 동전을
주면 막내도 얼떨결에 백 원을 하나 얻었습니다.

백 원이 뭔지도 모르고 형들 따라 얻어서 가게로 뛰었는데,
가게에서 껌도 사고 사탕도 사고 장난감 시계도 사면서 금세
백 원의 가치를 알게 되었습니다. 그러자 자꾸 백 원이 욕심나
서 "백 원, 백 원" 했습니다.

어느 날 출근하려고 나가는데 막내가 길을 막아서면서 "아빠, 백 원!" 하는 겁니다. 백 원짜리 동전을 하나 주려고 찾아봤는데, 없었습니다. 마침 오백 원짜리가 있어서 '이 자식, 수지맞았네' 하고는 오백 원짜리 동전을 주었습니다. 그런데 막내에게 오백 원은 처음 보는 돈이었던 것입니다. 손바닥에 올려놓고 돈 같기도 하고 아닌 거 같기도 하고 긴가민가하고 있는데, 제가 그 모습을 보고 웃었습니다. 그랬더니 아빠가 돈아닌 거 주고 장난친다고 생각하고는 "백 원!" 하고 소리치며 오백 원짜리를 던져버렸습니다.

그 모습을 우리 큰아이가 보더니 답답한지 펄쩍펄쩍 뛰었습니다.

"그거 오백 원이다. 백 원짜리 다섯 개다!"

그런데 막내는 아무리 얘기해도 모릅니다. 계속 "백 원, 백원"만 외쳤습니다. 그래서 얼마나 웃었는지 모릅니다.

오백 원의 가치를 모르면 백 원의 욕심을 버릴 수 없습니다. 그런데 오백 원의 가치를 아는 순간 백 원에 대한 욕심을 버릴 수 있습니다. 오백 원의 가치를 아는 아이는 백 원 때문에 오백 원을 버리는 일을 하지 않지요.

우리의 신앙이 변질되지 않고 끝까지 가려면 예수 믿고 사는 맛을 알아야 합니다. 질문을 주신 분은 그것을 알아가기 시작한 것입니다. '말씀에서 답을 찾는 것이 너무 즐겁고 만족스럽다'는 것은 하나님의 맛을 본 것이지요.

세상의 맛이 있습니다. 물질, 돈, 명예, 쾌락, 권력은 다 백 원짜리지만, 그것도 맛이 있습니다. 하지만 하나님 말씀의 맛, 예수 믿는 맛을 알게 되면, 사도 바울의 표현대로 그것들이 배설물 같아집니다.

또한 모든 것을 해로 여김은 내 주 그리스도 예수를 아는 지식이 가장 고상하기 때문이라 내가 그를 위하여 모든 것을 잃어버리고 배설물로 여김은 그리스도를 얻고 **빌 3:8**

변질하지 않으려면 하나님 말씀의 맛을 끝까지 유지해가야 합니다. 그렇게 하면서 하나님의 말씀을 듣기만 하는 자가 되지 말고, 듣고 행해서 그 삶의 열매들을 늘 얻어야 합니다. 증거들이 있을 때 변질되지 않습니다.

두 번째로 생각할 것은, 한 번 맛보았다고 해서 그것이 끝까지 유지되진 않는다는 것입니다. 예수님이 전도하라고 제자들을 보내실 때 권능을 주셨습니다. 귀신을 쫓아내고 병을 고치는 권세를 주셨습니다. 그래서 제자들은 가는 곳마다 병자를 고치고 귀신을 쫓아냈습니다.

예수님이 변화산에 올라가셨을 때 제자 셋만 데리고 올라가셨는데, 나머지 아홉 제자들은 산 아래에 있었습니다. 그때, 귀신 들려서 물에도 들어가고 불에도 들어가는 아들을 둔 아버지가 자기 아들을 고쳐달라며 제자들을 찾아왔습니다. 그 아버지는 아마 예수님의 제자들이 귀신을 쫓아냈다는 것을 알고 왔을 겁니다.

귀신을 쫓아달라고 하니까 제자들은 조금도 어렵게 생각하지 않았습니다. 왜냐하면 전에도 귀신을 쫓아냈었기 때문입니다. 그래서 문제없이 귀신을 쫓아낼 줄 알고 도전했는데, 실패했습니다. 망신당했습니다.

나중에 제자들이 예수님께 묻습니다.

'전에는 귀신을 쫓아냈는데 왜 이번에는 안 나갔는지 모르겠습니다.'

그때 예수님이 주신 대답이 굉장히 중요합니다.

이르시되 기도 외에 다른 것으로는 이런 종류가 나갈 수 없느니라 하시니라 막 9:29

쉬지 않고 기도해야 그 권능을 유지할 수 있습니다. 한 번 능력을 받았다고 기도하지 않고 방심하고 나태해지면 그것이 소멸됩니다. 그래서 성경은 "성령을 소멸하지 말며"(살전 5:19)

라고 했습니다. 우리는 깨진 그릇과 같아서 쉬지 않고 매일 반복하지 않으면 받은 은혜와 권능이 다 새버려 성령이 소멸됩니다. 예수 그리스도를 아는 지식이 가장 고상함을 알았다 할지라도 조금만 게을러지고 방심하면 세상의 백 원짜리 유혹에 빠져서 오백 원짜리의 가치를 잊어버리게 되는 게 우리입니다.

그래서 여호와의 선하심을 맛보아 아는 것, 쉬지 않고 계속 그 일을 반복하고 매일매일 날마다 하나님의 은혜를 체험하는 것, 게으르지 않고 열심을 품고 하나님을 섬기는 것이 필요합니다. 성실함과 실천함이 겸비될 때, 끝까지 신앙이 변치 않고 믿음을 지킬 수 있는 삶을 살 수 있지 않을까 싶습니다.

믿음이 좋고 하나님이 제법 크게 쓰셨던 하나님의 사람들이 실족하는 까닭은, 그것을 통해 얻은 세상적인 명예나 권세 같은 맛에 취했기 때문입니다. 그 바람에 하나님의 말씀이, 참 신앙이 주는 맛을 잊어버린 것입니다. 그런데 끝까지 쉬지 않고 말씀을 붙잡고 있으면 그런 유혹에 빠지지 않고 잘 이겨낼 수 있으리라 생각합니다.

이제 하나님의 말씀의 맛을 알기 시작하였으니 큰 숙제 하나를 벌써 하기 시작한 것입니다. 앞으로 중요한 것은 이것을 중단하지 말고, 하나님 앞에 갈 때까지 매일매일 계속하는 것

입니다. 그렇게 쉬지 않고 열심을 품고 성실하게 이 삶을 이어
간다면 틀림없이 변질되지 않고 갈수록 더 하나님과 가까워
지는 삶을 살게 되리라 믿습니다. 사랑합니다♡

7

예수님을 믿기만 하면 정말 죄 사함을 받나요?

Q

안녕하세요, 목사님?

저는 교회에 다니기 시작한 지 몇 년 안 된 성도입니다. 교회에 다니면서 조금씩 하나님과 가까워지고 있다는 생각이 들어 기쁜 한편, 도무지 답을 찾지 못하는 문제가 있어서 질문을 드리게 되었습니다.

아무리 믿으려고 애써봐도 예수님을 믿기만 하면 죄 사함을 받는다는 말씀이 이해가 안 됩니다. 예배를 드리거나 기도를 해도, 죄 사함에 대한 의구심이 있다 보니 가식적으로 느껴지고, '나는 믿음이 없나' 의심하게 됩니다. 그래도 신앙생활을 포기하고 싶지는 않습니다. 마음을 다잡고 신앙생활을 잘해나가고 싶습니다. 제가 어떻게 하면 좋을까요?

교회 다니기 시작한 지 몇 년 안 되었는데 이런 고민을 깊이
하시는 것을 보니, 신앙생활을 열심히 하신다는 생각이 들었
습니다. 예수님이 하신 말씀 중에 '탕자의 비유'가 있습니다.
어느 둘째 아들이 아버지에게 '아버지가 돌아가시면 제게 돌
아올 유산을 미리 주세요'라고 합니다. 아주 불효자이지요.
그리고 그 돈을 받아 외국으로 나가서 허랑방탕하게 살았습
니다. 그러다가 재물을 다 탕진하고 돼지우리에서 돼지를 치
며 돼지가 먹는 쥐엄 열매를 먹을 만큼 다 죽게 되었을 때, 둘
째 아들은 깨닫습니다.

'이대로 있다가는 죽겠구나. 아버지께로 돌아가자.'

이것이 탕자가 살게 된 지혜입니다. 아버지께로 돌아가는
것이 중요하기 때문입니다. 둘째 아들은 아버지의 종으로라
도 살겠다고 결심하고 아버지께로 돌아왔습니다.

아들이 돌아왔을 때 아버지가 어떻게 했나요? 용서했습니
다. 용서만 했나요? 목욕을 시키고 더러운 옷 대신 좋은 옷으
로 갈아입히고 손에 가락지를 끼워주고 잃어버렸던 아들을
찾았다고 잔치도 열었습니다. 모든 죄를 용서하고 아들로 받
아들인 것이지요.

그런데 탕자가 죄 사함을 받고 다시 아들의 지위를 회복
하기 위해 한 게 뭐가 있나요? 아버지로부터 가져가서 탕진

한 돈을 갚았나요? 아니면 그동안 잘못한 것에 대해 다만 며칠이라도 옥살이를 했나요? 세상적인 관계라면 행위가 있어야 합니다. 돈을 갚는다든지, 옥살이를 한다든지, 그런 갚음이 필요합니다. 하지만 아버지는 그런 것을 요구하지 않습니다. 탕자에게는 아버지에게로 돌아가는 것이 최고의 효도였습니다. 그것이 부모에게 드리는 가장 큰 믿음의 행위라고 할 수 있습니다.

자식이 진정으로 뉘우치고 회개하는 데 죗값을 요구하는 부모는 없습니다. 도리어 기뻐하며 용서해주십니다. 로마서 8장 1절 말씀입니다.

그리스도 예수 안에 있는 자에게는 결코 정죄함이 없나니 **롬 8:1**

아버지를 떠났다가 돌아온 탕자처럼, 그리스도 밖에 있다가 그리스도 안으로 들어오는 것, 그것이 믿음입니다. 우리가 믿기만 하면 죄 사함을 얻는 이유는, 하나님이 남이 아니라 우리의 아버지이시기 때문입니다.

예수님을 믿는 믿음으로 죄 사함을 받는다는 사실을 극명하게 깨닫게 한 책이 하나 있습니다. 일본의 여류 소설가 미우라 아야코가 쓴 《양치는 언덕》이란 책입니다. 그 책의 줄거리는 이렇습니다.

목사의 딸인 나오미가 방탕한 화가인 료이치를 만나 사랑에 빠집니다. 나오미는 반대하는 부모를 떠나 료이치와 사는데, 얼마 지나지 않아 료이치의 방탕한 모습에 실망하고 집으로 돌아갑니다.

하지만 차마 문을 열고 들어갈 수 없어서 망설이다가 문을 살짝 밀어봅니다. 그런데 문이 잠겨 있지 않습니다. 나오미의 부모님은 딸이 집을 나간 후에 언제라도 돌아올까 봐 문을 열어놓고 기다린 것이지요. 그런데 문소리가 '삐거덕' 하고 나자 안에서 아버지의 말소리가 들립니다. 부모님은 "나오미 이제 오느냐?"라고 하시며 아무렇지도 않게 그녀를 받아주십니다. 이게 참 감동이었습니다. 집에 돌아온 것만으로 나오미는 부모님과 딸의 관계가 회복되었습니다.

얼마 후에 료이치가 폐병에 걸린 채로 나오미에게로 옵니다. 나오미는 받아주지 않으려고 했지만, 목사인 아버지가 그를 받아주어 함께 병간호를 해주며 지내게 됩니다. 료이치는 점차 건강도 회복하고 점점 변해갑니다. 료이치는 다락방에서 그림을 그리곤 했는데, 아무도 그 그림을 보지 못하게 항상 흰 천으로 덮어두었습니다. 크리스마스에 나오미에게 선물로 주기 위해서였습니다.

크리스마스 전날, 드디어 그림이 완성되었습니다. 그때 료이치가 이전에 만났던 한 여자에게 전화가 옵니다. 료이치는 가고 싶지 않았지만, 관계를 확실하게 정리하기 위해 그 여자를 만나러 갑니다. 그 여자는 자신의 유혹에 료이치가 넘어오지 않자 술에 약을 타고는 딱 한 잔만 마시면 보내주겠다며 술을 건넸습니다. 료이치는 술을 받아 마시고 졸음이 몰려왔지만, 서둘러 길을 나섭니다. 그러다 길에서 잠이 들어 동사하고 말았지요.

료이치의 장례를 치른 후에 나오미는 그가 그리던 그림을 확인해봅니다. 거기에는 십자가에 달리신 예수님의 그림이 있었습니다. 그리고 피 흘리는 예수님의 십자가 아래에 청년 하나가 무릎을 꿇고 머리를 푹 숙인 채 예수님의 발을 붙잡고 있었고, 그 손 위로 예수님의 피가 뚝뚝 떨어지고 있었습니다. 그 청년은 료이치 자신이었던 것입니다.

그걸 보고 저는 벼락에 맞은 것 같은 감동을 받았습니다. 그때 제 마음속에 '료이치는 깨끗하다. 료이치는 아름답다. 료이치는 구원받았다' 하는 감동이 밀려왔습니다. 주님의 보혈에는 죄를 깨끗게 하는 능력이 있습니다. 하나님을 믿고 회개하는 것이 믿음이에요. 그 믿음으로 인해 완벽한 죄 사함을 받은 것입니다. 이것이 가능한 것은 하나님이 우리의 아버지이시기 때문입니다. 남이라면 죗값을 갚아야 합니다. 말로만, 믿음으로만 죄 사함을 받는 것은 말이 안 되지요. 염치없는 일입니다. 하지만 아버지이시기 때문에 그런 것을 요구하지 않으십니다. 그저 자신에게로 돌아온 그 믿음이 너무 귀해서 그 믿음만으로 용서해주시고 받아주시는 것입니다.

어떻게 믿음만으로 구원을 얻을 수 있느냐는 질문에 제가 드릴 수 있는 대답은, 하나님이 아버지이시기 때문이란 것입니다. 우리가 그분의 자녀이기 때문입니다. 값을 치러야 한대도 하나님이 대신 갚아주시는 것입니다. 우리가 갚을 수 없는 죗값이니 '그건 아버지가 대신 갚아줄게'라고 하신 것이지요. 그것이 예수님의 십자가입니다.

우리가 돌이킨 것만으로 하나님은 용서해주시고, 우리의 죗값을 대신 갚아주시며, 그뿐만 아니라 기뻐해주시고 그것을 고마워해주십니다. 잃었던 자녀를 되찾았다는 기쁨이 크셔서 우리의 믿음이 하나님을 기쁘시게 하고 영화롭게 하는 것입니다. 그러니 그 믿음으로 항상 예수님 안에 있는 우리가 되길 바랍니다. 우리의 믿음이 하나님을 기쁘시게 합니다. 사랑합니다♡

PART 2

현실과 신앙 사이에서 중심 잡기가 어려워요

8 삶이 외롭고 고된데 하나님은 뭘 해주실 수 있나요?

Q

안녕하세요, 목사님?

설교를 듣다가 '믿음으로 뛰어넘어야 한다'는 내용을 듣고 질문을 드립니다. 저는 할 수 있는 것도 없고 믿음도 연약한데 어떻게 뛰어넘어야 할까요? 하나님이 무엇을 해주시나요? 저는 너무 지쳤고, 혼자인 것만 같고, 너무 외롭습니다. 무얼 어떻게 뛰어넘어야 하나요? 목사님은 목사님이시니까, 주변의 사랑을 많이 받으시니까 그렇게 말씀하실 수 있는 것 아닐까요?

A

짧은 글이지만 충분히 그 마음과 그 상태를 이해할 수 있었습니다. 누구도 '그것도 못 뛰어넘냐? 믿음으로 뛰어넘어야지'라고 함부로 얘기할 수 없습니다. 제가 암에 걸려서 처음 깨달은 게 그것입니다. 암에 걸렸을 때와 걸리지 않았을 때가 참 달랐습니다. 걸리지 않았을 때는 암에 대해서 꽤 용감했습니다.

'뛰어넘으면 되지, 예수 믿는 사람이.'

그랬는데 막상 닥치니까 그게 그렇게 쉬운 일이 아니었습니다. 그래서 힘든 현실 속에서 '하나님이 뭘 도와주시나요? 하나님은 왜 나를 이렇게 힘들게 하세요?'라고 하는 그 마음을 저는 충분히 이해할 수 있습니다. 그리고 하나님께서도 이런 질문에 섭섭해하시거나 못마땅해하지 않으실 거라고 생각합니다.

힘든 일을 당하면 '나만 이런 일을 당한다. 다른 사람들은 다 좋은데 나만 이런 일을 당한다'라고 생각하게 마련입니다. 그런데 제가 보니, 그건 아닌 것 같습니다. 사람들은 누구나 다 이런 일을 겪으면서 살아갑니다. 시간 차가 있을 뿐이죠.

나는 어려운 일을 당하는데 다른 사람은 편안한 때가 있지만, 그래서 나만 당한 것 같지만, 내가 편안한데 그들이 어려운 때도 있습니다. 인생을 살다 보면 각자 지고 가는 고난의 짐과 당해야 할 고난과 역경과 외로움의 무게는 거의 똑같지 않을까 싶습니다. 가난한 사람은 돈 많은 부자들에게는 고난이 없을 거라고 생각합니다. 물론 부자들은 가난으로 인한 고난을 겪지는 않습니다. 하지만 그들에게는 가난한 사람은 겪지 않는 고난이 또 있습니다.

고난의 종류는 다르지만, 고난의 무게를 달아볼 수 있다면 그 무게는 같을 것이라고 생각합니다. 그래서 나 혼자 고난 당하는 게 아니라, 사실 사람은 다 이런 외로움과 절망과 고난과 역경 속에서 살아간다는 것을 아는 게 참 중요하다고 생각합니다.

외로움 때문에 많이 힘들고 지치신 것 같습니다. 목사인 제 주변에는 사람이 많으니 외롭지 않겠다고도 말씀하셨지요. 맞습니다. 제가 복을 많이 받았습니다. 암 투병을 하면서 힘들 때도 저를 사랑해주는 분들의 위로가 큰 힘이 되었습니다. 그건 부인할 수가 없습니다.

하지만 고백하자면, 저를 찾아와서 위로해주고 기도해주던 사람들이 돌아간 후 밤을 지새울 땐 저 역시 혼자였습니다. 제가 목회하다가 힘들어서 목회를 포기하고 싶고, 예수 안 믿었다면 죽고 싶었을 만큼 힘들었던 때가 두 달 정도 있었는데, 물론 그때 제 곁에는 사랑하는 가족이 있었습니다. 아내와 아들 셋이 제 걱정을 참 많이 해주었습니다. 그런데 가족들이 섭섭할 수도 있겠지만, 그 고마운 가족의 사랑이 제게 궁극적인 힘이 되지는 않았습니다.

사람마다 모두 사람의 힘으로 도움을 얻을 수 없는 고난을 걸머지고 살아가는 것 같습니다. 제가 얘기하고 싶은 것은, 결국은 누구나 하나님 앞에서 혼자라는 사실입니다. 혼자서 하나님과 씨름하여 문제를 해결하기 전에는, 아무리 많은 주변 사람이 나를 사랑해주고 응원해주고 격려해주어도 그것이 내 궁극적인 고난과 외로움의 문제를 해결해주지는 못합니다.

그럼, 사람은 궁극적인 도움이 못 된다고 인정하고, 하나님이 도와주시면 좋을 텐데, 하나님도 아무 도움을 안 주신다고 느낄 때가 많지요. 하지만 하나님이 우리를 도우시는 식과 법이 있습니다. 예레미야서에 보면, 예레미야가 하나님께 질문을 합니다.

'하나님, 도무지 이해가 안 가서 질문합니다. 하나님 안 믿는 사람들은 저렇게 아무 문제 없이 형통한데 왜 하나님을 잘 믿는 나에게는 이렇게 고난을 주십니까? 아주 감당하기가 어렵습니다.'

그때 하나님이 질문으로 대답을 주셨습니다.

만일 네가 보행자와 함께 달려도 피곤하면 어찌 능히 말과 경주하겠느냐 네가 평안한 땅에서는 무사하려니와 요단 강 물이 넘칠 때에는 어찌하겠느냐 **렘 12:5**

이 말씀이 저에게 굉장히 큰 깨달음으로 다가왔습니다. 때로 하나님은 그냥 내버려두시는 것 같습니다. 하나님이 건져주시면 되는데, 하나님은 우리를 건져주시지 않고 스스로 힘을 얻어서 그 힘으로 벗어나게 하십니다. 연단하고 훈련시키고 길을 가르쳐주시며 그것에서 벗어나게 하십니다. 그러니까 벗어나게 하시는 것이 아니라, 벗어나게 하는 길을 가르쳐주시고, 벗어날 힘을 얻게 하시는 분이 하나님이신 것입니다.

제가 여러 번 간증했던 내용인데, 꼭 죽고 싶을 만큼 힘이 들 때 저는 십자가를 바라보고 살았습니다. 두 달 동안 아무것도 못 하고 '죽었구나' 싶은 삶을 살던 제게 벽에 걸려 있던 십자가가 말을 걸었습니다.

'나는 너 죽는 꼴 못 봐. 내가 무슨 수를 써서라도 너 살릴 거야.'

그때 알았습니다. 아무리 고난이 있어도 우리는 이 십자가 때문에 죽지 않는다는 것을 말입니다. '내가 이까짓 것 때문에 죽고 망할 사람이라면 우리 예수님이 날 위하여 십자가 지지 않으셨다. 하나님이 내버려두시는 것 같지만, 내가 끝까지 무너지는 것을 모른 척하지 않으실 것이다'라는 것을 마음으로 확 깨달았습니다. 그때 참 희망을 얻었고, 벌떡 일어났습니다.

우리가 높이뛰기를 한다고 하면, 처음부터 한 번에 2미터 되는 높이를 뛰어넘을 수 없습니다. 지금 우리 앞에 놓인 고난이 그럴 수 있습니다. 고난이 너무 커서 한꺼번에 그 고난을 뛰어넘을 수 없을 수 있습니다. 그럴 때 그것을 뛰어넘으려고 하지 마세요. 그러면 절망하는 것밖에 없습니다.

그러나 우리가 뛰어넘을 수 있는 게 있지 않습니까? 2미터는 못 뛰어넘어도 1미터, 안 되면 50미터라도 뛰어넘을 수 있지 않을까요? 그래서 작은 것, 내가 뛰어넘을 수 있는 것부터 뛰어넘기 시작하는 것입니다.

암을 뛰어넘을 때 제가 제일 먼저 도전했던 높이뛰기는, '짜증'이었습니다. 몸이 힘드니까, 먹지 못하고 자지 못하니까, 정말 최선을 다해서 도와준 아내에게 자꾸 짜증을 내게 되었습니다. 제가 짜증을 내면 아내는 화가 나는데 암 환자에게 화를 낼 순 없으니 참는 게 보였습니다. 그걸 느끼게 되니 '이러다가는 점점 나빠지겠다. 짜증을 부리지 말자. 감사하자'라는 생각을 하게 되었습니다. 그리고 기도하면서 아내에게 작은 것 하나라도 고마워하고, 짜증 날 때 짜증 부리지 않으려고 노력했습니다. 그런데 그 하나가 엄청난 변화를 가져왔습니다.

한번 작은 것부터 도전해보시기 바랍니다. 말 한마디라도 따뜻하게 해보는 것, 그럴 힘이 없지만 힘을 내서 해보세요.

거기서부터 변화가 오기 시작할 것입니다. 그러면 점점 우리 삶의 근육이 붙습니다. 그러면 그다음 높이를 뛰어넘고, 그다음 높이를 뛰어넘는 것입니다.

그렇게 작은 것부터 도전하다 보면 삶이 그렇게 우울하고 짜증스러운 것이 아니라 평범하다는 것도 알게 될 것이고, 하나님께 기도하고 얻는 힘으로 작은 것부터 도전하여 결국은 내 앞에 놓인 고난을 뛰어넘을 수 있지 않을까 생각합니다.
사랑합니다♡

하나님이 고난을 주신 이유는 뭔가요?
어떻게 이겨낼 수 있나요?

Q

안녕하세요, 목사님?

요즘 제 믿음에 대한 고민이 있어서 질문드립니다. 얼마 전 투병하시던 어머니를 떠나보냈습니다. 어머니는 신앙생활을 열심히 하셨고 하나님을 정말 사랑하시던 분이셨습니다. 그런데 저는 어머니의 투병과 사망을 겪으며 많은 고민과 혼란이 생겼습니다. 간절히 기도해도 나아지지 않는 어머니의 모습과 지금제가 처한 우울한 환경 때문에 믿음의 바닥을 보았다고 할 만큼 흔들리고 있습니다. 내가 하나님을 믿는 이유가 무엇이었던가 고민이 될 때가 더 많아지는 것 같습니다.

'응답하시지 않는 것도 응답이다. 고난은 하나님이 우리를 단련시키기 위해 주신 것이다'라는 말들을 많이 들었지만, 솔직히 귀에 안 들어옵니다. 하나님이 절 천하의 고아로 만드신 것 같아요. 주변에 의지할 사람 하나 없는 광야에 던져 버린 것 같습니다. 이러한 상황에서 어떻게 기도하고 이겨내면 좋을까요?

먼저 말씀드리고 싶은 것은, 이렇게 어려운 상황이라면 그런 마음을 갖고 갈등하는 일이 지극히 정상적이라는 것입니다. 사랑하는 어머니를 그렇게 떠나보낸 상황에 아무렇지도 않을 사람이 세상에 어디 있겠습니까. 그러니까 '왜 이렇게 힘든가' 이상하게 생각하지 말고, '지금은 힘들 때다'라고 생각하고, 우선 그걸 그대로 받아들이면 어떨까 합니다.

'하나님을 믿는 데 왜 이런 상황이 계속되는가'라는 질문은 우리 모두가 보편적으로 가지고 있는 질문입니다. 먼저 제가 정답을 말씀드릴게요. 그게 마음에 위로가 될지는 모르겠지만 답을 아는 건 중요하잖아요.

미신을 섬기는 사람들은, 그 신적인 존재를 통해서 삶의 상황을 바꾸려고 합니다. 그리고 그들은 미신을 잘 섬기면 상황이 바뀐다고 믿습니다. 물론 기독교 신앙에도 그런 믿음이 전혀 없지는 않습니다. 우리가 하나님께 기도하면 하나님이 우리의 상황을 바꾸어주기도 하시지요. 그런데 기독교 신앙엔 그보다 더 중요한 게 있습니다. 상황을 바꾸는 게 아니라, 똑같은 상황에서도 그 상황을 이겨내도록 나 자신을 바꾸는 것입니다. 그것이 우리 기독교 신앙이 갖고 있는 힘입니다. 지금은 너무 힘들기 때문에 이런 상황을 혼자만 당하는 것처럼 생각하기 쉽지만, 이런 상황을 겪는 사람이 세상에 한둘이 아니라는 것을 아시지 않습니까. 믿지 않는 사람들도 이런 어려운 일을 겪지만, 예수 잘 믿는다고 해도 이런 상황에 많이 처합니다.

똑같은 상황인데 믿음으로 그것을 이겨내는 사람과 이겨내지 못하는 사람, 두 부류의 사람이 있을 뿐입니다. 믿음은 그것을 이겨낼 수 있는 힘을 우리에게 줍니다. 그리고 실제로 적지 않은 사람들이 어려움 가운데서도 믿음으로 이겨냈습니다. 바라기는, 상황이 바뀌기를 기다리지 말고, '내가 먼저 이것을 뛰어넘어야겠다'(pass over)라는 생각으로 하나님께 그 힘을 달라고 기도하시면 좋겠습니다.

그러면 어떻게 뛰어넘을 수 있을까요? 좀 다른 얘기 같지만, 수입보다 지출이 많으면 적자 아닙니까. 그러면 생활이 점점 어려워지고 가난해집니다. 인생도 마찬가지입니다. 행복과 기쁨과 즐거움 등의 긍정적인 요인을 수입으로 보고, 우울과 고통과 아픔을 지출로 본다면, 대부분 사람이 불행한 이유는 수입보다 지출이 많았기 때문입니다. 사연을 주신 분도 지금 지출이 너무 크니까 웬만한 수입으로는 이것을 감당할 수 없는 것입니다. 적자 인생을 극복하는 길은 하나밖에 없습니다. 지출보다 무조건 수입을 늘리는 것입니다.

은혜받는 시간을 자꾸 늘려야 합니다. 좋은 설교 듣고, 찬양 듣고, 교회 가서 신앙생활도 하면서 불행한 걸 느끼는 것보다 '은혜스럽다. 감사하다. 고맙다. 좋다' 하는 시간을 자꾸 늘려서 수입을 키우는 겁니다. 상황에 붙잡히지 말고 은혜받는 시간에 도전하셔야 합니다. 은혜를 받고 삶을 은혜로 선점해서 고난과 두려움과 불안을 이겨내세요. 은혜를 받는 일에 좀 더 적극적으로 임하길 바랍니다.

신앙생활을 우선으로 삼아서 은혜받는 일을 통해 수입을 늘리고, 또 교회생활, 친구 만나는 것, 여행을 가는 것, 재미있는 놀이 등 내 마음을 풀 수 있는 것들을 통해서도 수입을 늘려야 합니다. 흑자 인생으로 바꾸어나가야 합니다.

그렇게 신앙생활을 잘 해나가고, 사회생활과 취미생활을 통해 막대한 지출이 나가는 것보다 수입 늘리는 일에 열심을 내다보면, 그리고 시간이 조금 더 흐르면, 반드시 극복할 수 있으리라 생각합니다. 이렇게 용감하게 적극적으로 승리할 수 있기를 바랍니다. 사랑합니다 ♡

10 좋은 크리스천이 되려면 무조건 참아야 할까요?

Q

안녕하세요, 목사님?

저는 삼십 대 직장인입니다. 저는 제가 있는 곳에서 그리스도
의 향기가 나는 사람이 되고 싶은 마음이 큽니다. 그런데 최근,
회사에서 사람과의 관계 때문에 괴로움이 생겼습니다. 다른 사
람과 업무상 의견 대립이 있어서 끝까지 제 의견을 주장했더
니, 감정이 상했는지 제 말에 제대로 대꾸도 하지 않고 비아냥
거리기만 했습니다. 이후로 감정이 왜 상했는지 묻기도 하고
풀어보려고 노력해봤지만, 상황은 여전했습니다. 저로서는 제
가 비인격적인 태도를 보인 것도 아닌데 상대방이 저를 무시하
는 태도를 보이니 자존심도 상하고 화가 나서 입을 닫아버렸습
니다.

상황이 이렇게 되니 그리스도의 향기를 내려는 꿈이 깨져버
린 것 같아서 속이 상합니다. '화'라는 감정을 관계에서 어떻게
다루어야 하는지 잘 모르겠습니다. 툭툭 털어내고 내 일에 집

중하면서 하나님을 기쁘게 해드리고 싶은데, 그때 일만 생각하면 자꾸 화가 나니 어떻게 해야 좋을지 모르겠습니다. 이런 제가 참 약하게 느껴집니다.

A

우리가 일상에서 늘 겪는 문제입니다. 그리스도의 향기가 되고 싶다는 마음이 별로 없었다면 이렇게 힘들어할 만큼 속상한 감정을 크게 느끼지 않았을 겁니다. 있는 곳에서 그리스도의 향기가 되고 싶은데, 자꾸 이런저런 일로 깨지는 것 같아 속상해하시는 마음이 보여서 귀한 사연이라고 생각했습니다.

있는 곳에서 그리스도 향기가 된다는 것은 참 좋은 일인데, 그게 좀 비쌉니다. 대가 지불이 있어야 합니다. 공짜가 아닙니다. 원래 향수는 비싸지 않습니까? 그렇듯이 직장에서 그리스도의 향기가 되려면 값을 치러야 합니다. 그것은 다시 말하면, 스스로가 손해를 좀 봐야 한다는 뜻이기도 합니다.

의견 대립과 충돌은 있을 수 있는데, 상대방이 비아냥거리는 것은 인격적으로 참 힘든 일입니다. 그런데 비아냥은 어떨 때 일어나는 일인가요? 보통 다툼에서 패배한 사람들이 쓰는 마지막 무기입니다. 더 이상 이길 수 없게 되었는데 패배를 인정하기 싫을 때 나타나는 게 비아냥입니다. 비아냥은 승자에게 타격을 줄 수 있는 굉장히 효과적인 무기입니다. 비아냥은, 감정이 상했다는 뜻입니다. 옳고 그름에서 논리적으로 밀리니까 비아냥거리는 것입니다.

그런데 비아냥거리는 상대방에게 왜 감정이 상했는지 물으셨다고 했는데, 제 생각에 그것은 별로 잘할 일은 아니었던 것 같습니다. 그게 통할 때가 아니기 때문입니다. 상대는 스스로가 감정이 상했다는 것을 인정하고 싶어 하지 않습니다. 그런데 그것을 인정하라고 한 셈이 되니, 관계가 더 나빠지는 것입니다.

이런 일은 아마도 살면서 여러 번 겪게 될 것입니다. 이 사람 저 사람, 혹은 가족과도 이런 다툼을 겪을 수 있습니다. 그럴 때 이 부분을 유의하고 유념해야 합니다. 감정이 상했을 때 왜 감정이 상했냐고 묻는 일은 소용없는 일입니다. 그냥 감정이 상한 겁니다. 감정이 상했으니까 그걸 그대로 인정해야지, 왜 상했느냐고 묻는 일은 문제 해결에 별로 도움이 되지 않습니다.

싸움의 기술이 있습니다. 싸움이라는 말이 좀 거칠지만, 살다 보면 발전적인 사고를 위해서 논쟁을 해야 할 때도 있지 않습니까? 그런데 싸움의 기술이 없으면 결국은 다칩니다. 이겨도 지고 져도 지는 문제가 생기는 것입니다.

그래서 싸움에는 고도의 기술이 필요합니다. 제가 어른 목사님에게 배워서 평생 기억하는 게 있습니다.

"이겨라. 그러나 KO로 이기려 하지 말아라. 상대방을 KO 시키지 말아라. 판정승으로 이겨라. 아슬아슬한 판정승으로 이겨라."

사실 기억만 하지 막상 싸움이 붙으면 제대로 적용하기 힘든 기술입니다. 그런데 이건 연습해야 합니다. 이길 때는 완승하고 싶어 합니다. 완승하고 싶은데, 완패당하는 사람의 마음을 잘 살피지 못해서 문제를 그르치는 경우가 참 많습니다.

그리스도의 향기가 되려면 이 문제를 풀어야 하는데, 상대방이 먼저 화해하자고 손을 내밀면 그리스도의 향기가 될 절호의 기회를 놓치는 것입니다. 이런 상황은 우리가 그리스도의 좋은 향기가 될 수 있는 기회입니다.

아무 일이 없을 땐 향기가 잘 안 납니다. 이런 문제를 잘 풀때 좋은 향기가 나는 것인데, 향기가 나려면 방법은 하나밖에 없습니다. 내가 먼저 풀어야 합니다. 그래서 힘든 것입니다. 내 자존심을 꺾어야 하기 때문입니다.

그런데 나도 화가 나지 않았습니까? 그 사람이 내 인격을 건드렸으니 말입니다. 그런 상황에 내가 먼저 손을 내민다는 게 말이 쉽지, 그렇게 쉽지는 않습니다. 하지만 그리스도의 향기가 되려면 그 쉽지 않은 길을 통과해야 합니다. 누구나 힘듭니다. 저도 힘들어요. 그러나 향기가 되려면 길은 그것밖에 없습니다.

막상 풀려고 해도, 상대가 옳았던 것도 아니고 나에게 비아냥거린 것이니 결단이나 결심이나 각오로 잘 풀리지 않습니다. 그럴 때는 억지로 이 문제를 풀려고 하지 말고, 은혜받는 일에 좀 더 집중하길 바랍니다. 주일에 교회에 가서 예배드릴 때, 말씀 들을 때, 찬송을 부를 때 은혜를 채워야 이 미움과 분노를 밀어낼 수 있습니다. 그것을 밀어내야만 먼저 손을 내밀 수 있습니다.

거기에 한 번 도전해보길 바랍니다. 은혜가 분노와 미움을 밀어내고 자존심을 꺾어 먼저 손 내밀어 문제를 해결하면, 바라는 대로 그리스도의 향기를 드러내는 기회를 얻을 수 있으리라 생각합니다.

때를 조금 기다리셨다가 상한 감정이 어느 정도 가라앉았을 때 시도해보는 것이 좋습니다. 그동안은 은혜 채우는 일만 열심히 하고, 어느 정도 시간이 흐르고 '이때쯤 손 내밀면 받아주겠다' 싶을 때 도전하길 바랍니다.

그러나 상대방이 받아주지 않을 수도 있습니다. 그것까지도 예상 문제에 놓고 미리 대비하여 견뎌낼 수 있도록 준비를 잘해야 합니다. 될 때까지 손 내밀면 됩니다. 그러면 결국 이 거내리라 생각합니다.

그리스도의 향기는 공짜가 아님을 기억하세요. 하나님의 은혜로 가득 채워 승리하시길 바랍니다. 사랑합니다♡

11 앞날이 너무 막막한데 하나님의 인도하심은 어떻게 알 수 있나요?

Q

안녕하세요, 목사님?

저는 박사과정을 밟고 있는 학생인데, 요즘 박사과정을 수료하고 나면 앞으로 어떻게 해야 할지, 무얼 해야 할지 너무 막막합니다. 생각은 많은데 확신은 없고, 그러다 보니 막연히 하나님께서 알아서 인도해주셨으면 좋겠다는 마음이 큽니다. 이럴 때 전 어떻게 하면 좋을까요? 가능성과는 상관없이 끝까지 제가 원했던 대로 밀어붙이는 게 맞을까요, 아니면 현실적인 선택을 해서 안정적인 삶을 추구하는 게 맞을까요?

크리스천이라면 하나님의 인도하심을 따라 살아야 한다고 생각하는데, 어떤 것이 하나님의 인도하심이고 또 그걸 어떻게 알 수 있는지 궁금합니다. 제 마음대로 삶을 계획해도 괜찮을까요? 혹시나 내 마음대로 짠 삶의 계획이 하나님의 인도하심과 달라서 모든 길이 막히면 어쩌나 하는 걱정과 불안이 끊이지 않습니다.

A

굉장히 중요하고 좋은 질문을 해주셨습니다. 미신을 섬기는 사람들은 이사 하나도 제 맘대로 못 갑니다. 자기 마음대로 했다가 화를 당하거나 어려운 일을 당할까 봐 벌벌 떨면서 무당이나 점집을 찾아가서 이사해도 좋은 날을 묻습니다.

그런데 우리 예수 믿는 사람들이 이사하면서 언제 이사를 해야 하는지, 어디로 가야 하는지 고민하나요? 저는 한 번도 그런 고민을 해본 적이 없습니다. 그냥 어디 살면 좋을지 생각하다가 마음에 드는 곳이 있으면 정하고, 어느 날짜로 할지 생각하다가 편하고 일에 지장 없는 날짜로 정해서 다녔지, 이사 날짜나 방향을 무당이나 점치는 사람에게 물은 적이 없습니다.

우리 기독교의 하나님은 우리를 자유케 하시는 하나님입니다. 그런 것으로 인간을 운명화하지 않으십니다. 그런데 미신적인 종교의 신은 인간을 운명화합니다. 운명화한다는 것은 손을 꽉 잡아서 자기 마음대로 못 벗어나게 하는 것입니다. 노예화라고도 얘기할 수 있을 것 같습니다. 말을 안 들으면 겁주고, 벌주고, 화내고, 저주를 내려서 벌벌 떨게 만들어 자기 뜻대로 조종하는 것입니다.

기독교의 하나님은 그런 하나님이 아니십니다. 하나님은 우리의 아버지시고, 우리를 사랑하는 분이시니까요. 사랑하면 노예화하지 않습니다. 하나님은 우리를 사랑하시기 때문에 우리를 노예처럼 억압하지 않으십니다.

이 질문에 열쇠처럼 여겨질 말씀을 읽어드리고 싶습니다.

내가 네게 명령한 것이 아니냐 강하고 담대하라 두려워하지 말며 놀라지 말라 네가 어디로 가든지 네 하나님 여호와가 너와 함께하느니라 하시니라 수 1:9

제가 참 좋아하는 말씀이기도 합니다. "네가 어디로 가든지", 이게 해답입니다. 어디로 가야 하는지 막막해서 두려움과 혼란까지 생겼는데, 거기에 대한 하나님의 대답이 이것입니다. 하나님은 걱정하지 말고 "네가 어디로 가든지 네 하나님 여호와가 너와 함께하느니라"라고 말씀하십니다. 내가 하고 싶은 일을 하면서 그것을 즐거워하고 기뻐하며 좋아하는 걸 보는 게 하나님의 기쁨인 것입니다. 그러니 '어디를 가든지 괜찮다 내가 너를 따라다니마'라고 말씀하시는 것입니다.

이것이 기독교와 미신의 큰 차이입니다. 악한 일이 아니라면, 나쁜 일이 아니라면 하고 싶은 일을 하면 됩니다. 우리를 향한 하나님의 뜻이 있습니다. 하나님의 뜻은, '이 일을 해라, 저 일을 해라'라는 식의 뜻이 아닙니다. 그건 자유합니다. 하나님의 뜻은 무슨 일을 하든지 사람에게 하듯 하지 말고 주께

하듯 하라는 것입니다.

제 둘째 아들이 산업디자인으로 대학을 다니다가 군대를 다녀오고 자퇴했습니다. 그러고는 영화 전공하는 학교에 들어가서 지금 영화 일을 하고 있습니다. 영화 일은 옛날에도 어려웠고, 지금도 어렵습니다. 부모로서 제일 말리고 싶은 일 중의 하나가 영화 만드는 일일 것입니다.

근데 하필 우리 둘째가 "영화 만드는 일을 하고 싶은데 괜찮을까요?"라고 물을 때, 아들이 고생할까 봐 인간적인 마음으로는 막고 싶었습니다. 제가 둘째에게 얘기했습니다.

"영화 하면 힘든 거 아니?"

그랬더니 "압니다"라고 합니다. "그런데도 하고 싶으냐?"라고 물었더니 "저는 그래도 영화가 좋습니다" 하고 대답했습니다. 저는 그래서 두 번 얘기 안 했습니다.

"그러면 해라."

남한테 얘기한 게 아니라, 제 자식에게 얘기했습니다.

"밥 먹고 사는 것이 아무것도 아닌 것은 아니지만, 사람이 밥이나 먹자고 공부하고 그러겠냐. 자기가 하고 싶은 일을 하면서 사는 게 더 행복하니까 그런 거 아니겠냐. 그래, 하루 두 끼만 먹으면 산다."

그러고 허락했습니다. 그렇게 영화를 배우러 학교에 다시 들어갔는데, 그 학교에 부모하고 안 싸우고 들어온 사람이 자기하고 다른 친구 하나밖에 없다는 얘기를 들었습니다.

그런데 저는 그게 하나님의 마음이라고 생각했습니다.

'영화를 하든지 미술을 하든지 그것은 너 하고 싶은 대로 해라. 난 네가 하고 싶은 일을 하는 게 좋다. 근데, 잘해라. 세상 식으로 하지 말고 정직하게 해라. 하나님 믿는 식대로 해라.'

이게 하나님이 우리에게 요구하시는 것이지, '영화를 해라, 말아라'라고 하시는 건 아니라고 생각했습니다.

또 제 막내아들은 목사입니다. 교회에서 부목사 생활을 잘 했습니다. 그런데 어느 날 느닷없이 "아버지, 나 빈티지 옷 가게 하고 싶어요"라고 했습니다. 이건 둘째가 영화 한다는 것 보다 조금 더 충격적인 얘기였습니다. 하지만 목사가 목회를 안 하고 빈티지 옷 가게를 하겠다는데, 저는 그게 조금도 부담되지 않았습니다.

"하고 싶으면 해라."

저는 빈티지 옷 가게 사장으로 일하는 것이나 목사로서 목회하는 일이 조금도 차이 있다고 생각하지 않습니다. 그리고 꼭 교회에서 목사가 되는 것만 하나님이 기뻐하시고, 빈티지 옷 가게 사장이 되는 것은 하나님이 싫어하신다는 생각이 조금도 없습니다. 그건 우리 기독교의 가르침이 아니기 때문입니다. 목회를 해도 하나님의 뜻대로 하지 않고 자기 욕심껏 하면 잘못된 것입니다. 설렁탕 한 그릇을 끓여 팔아도 하나님을 대접하는 마음, 예수 믿는 마음으로 하면 그것이 성직이라고 생각합니다. 저는 이게 기독교의 가르침이라 생각했습니다.

그래서 저는 아이들에게 "너 하고 싶은 일 해라"라며 자유롭게 모든 일을 맡겼습니다. 그게 돈이 되든, 안 되든 '되면 더 좋고 안 돼도 자기가 좋아하는 일 하는 게 좋지'라는 마음이었습니다. 제가 그 마음으로 아이들의 결정을 지지해주었는데, 힘은 들지언정 아이들이 얼마나 행복해하는지 모릅니다.

질문을 보내준 우리 사랑하는 청년도 이제 박사과정을 마치고 무슨 일을 할까 생각할 때, 하고 싶은 일, 좋아하는 일을 하길 바랍니다. 그렇다고 돈을 좀 더 잘 벌 수 있는 일을 한다고 해서 그게 나쁜 것도 아닙니다. 사람이 그런 것도 계산하고 살아야죠. 좀 더 안정적인 일을 해도 괜찮습니다.

하나님이 원하시는 것은, 무슨 일을 해도 괜찮은데 예수 믿는 사람답게 하는 것입니다. 하나님의 영광이 되게 하는 것입니다. 하나님의 자랑이 되게 하는 것입니다. 그렇게 하면 하나님은 '어디로 가든지' 함께해주실 겁니다. 내가 가는 데마다 다니면서 축복해주실 것입니다.

우리를 자유케 하시는 하나님을 믿는 것을 기쁘게 받아들이기를 바랍니다. 기독교 신앙 속에도 미신적인 사고방식이 잠재돼 있습니다. 우리의 오랜 전통과 문화였기 때문입니다. 그런데 그건 기독교적인 사고방식이 아니라는 걸 알고 자유하실 수 있기를 바랍니다.

어느 길로 가도 괜찮습니다. 잘 선택해서 하고 싶은 일 하고, 그 일을 정직하고 바르게 행하세요. 그렇게만 한다면 하나님이 축복해주시고 기뻐하실 줄 믿습니다. 사랑합니다♡

12

하나님께 온전히 맡기는 것과 포기하는 것의
차이가 뭔가요?

Q

안녕하세요, 목사님?

저는 하나님께 맡긴다는 것과 포기하는 것의 차이가 궁금합
니다. 사람들은 간절히 기도하는 문제가 있으면 하나님께
모든 것을 맡겨야 한다고 말하곤 합니다. 그리고 그 일이 이
루어지지 않으면 하나님의 뜻이 아니니 겸손히 결과를 받아
들여야 한다고 하는데, 저는 이게 그냥 포기하라는 말로 들
립니다.

어떤 결과를 주셔도 괜찮다고, 다 맡긴다고 하지만 솔직히
제 속마음은 그렇지 않거든요. 그러면서도 하나님께 '꼭 들어
주세요'라고 기도하는 게 하나님을 온전히 믿지 못하는 사람의
기도라고 생각되어서 마음이 불편합니다.

물론 저도 모든 것이 하나님의 뜻대로 이루어지기를 바랍니
다. 하지만 야곱처럼 끈질기게 하는 기도도 하나님이 좋아하시
는 기도가 아닌가요? 생각이 자꾸만 부딪히다 보니 기도하면

서도 너무 혼란스럽습니다. 초보적인 질문일 수도 있지만, 맡기는 것과 포기하는 것의 차이가 무엇인가요?

초보적인 질문이라고 하셨는데, 이 질문에 대해 다른 많은 분들이 '맞아, 나도 저런 생각 했는데' 하고 공감하실 것 같습니다. 기도하고 하나님께 맡기라는 것이 포기하라는 것처럼 느껴진다고 하면서 그 둘의 차이를 물으셨는데, 이것은 굉장히 중요한 질문입니다.

맡기는 것과 포기하는 것에는 차이가 분명히 있지 않겠습니까? 이 차이를 분명히 알지 못하고 혼돈되면, 야곱처럼 끝까지 끈질기게 기도해야 할 때 포기하게 됩니다. 그러면 이것은 하나님의 뜻이 아니겠지요. 만일 야곱이 밤이 늦도록 기도했는데도 하나님이 들어주지 않으신다고 중간에 포기하고 일어섰다면, 그는 이스라엘이 될 수 없었을 것입니다. 즉, 맡기는 것과 포기하는 것은 분명히 다른 것임이 틀림없습니다.

그렇다면 맡긴다는 건 무엇일까요?

아무것도 염려하지 말고 다만 모든 일에 기도와 간구로, 너희 구할 것을 감사함으로 하나님께 아뢰라 그리하면 모든 지각에 뛰어난

하나님의 평강이 그리스도 예수 안에서 너희 마음과 생각을 지키시리라 **빌 4:6,7**

우리가 잘 아는 말씀입니다. 여기 두 가지 내용이 있습니다. 첫째로 아무것도 염려하지 말라고 하십니다. 이것은 근심과 걱정과 염려를 주께 맡기라는 뜻입니다. '염려는 나한테 맡겨. 내가 할게. 걱정 나한테 맡겨'라는 것입니다. 둘째로 간구하라고 하십니다. 그러니 기도를 포기하면 안 됩니다. 염려를 포기해야 합니다. 걱정과 불안과 근심과 초조는 포기하고 하나님께 맡겨야 합니다. 그것을 포기하지 않고 붙잡고 있으면, 그건 믿음이 없는 것입니다. 그러나 기도와 간구를 포기하는 것은 하나님께 맡기는 게 아닙니다.

하나님께서 우리에게 하라고 말씀하신 것들이 있습니다. '계명을 지켜라. 율법을 지켜라. 하나님의 말씀을 따라서 살아라' 같은 명령들입니다. 그리고 하나님이 하라고 하신 것 중에 제일 중요한 것이 '기도하라'는 것입니다. 하나님이 우리에게 하라고 하신 것을 하지 않고 하나님께 다시 맡겨드리는 것은 신앙이 아닙니다. 도리어 불신앙이지요. 하라고 하신 것을 안 하는 것이니 말입니다. 하나님이 기도하라고 하셨으니, 기도해야 하는 것입니다. 기도를 포기하면 안 됩니다.

그런데 하나님께 기도해도 들어주지 않으실 때가 있습니다. 사실 저는 제가 하나님께 기도했던 것들은 거의 다 하나님이 이루어주시는 은혜를 경험했습니다. 저는 꼭 필요한 기도제목이 있으면 기도문을 A4용지 서너 장씩 써서 백 번씩 기도했습니다. 예전에 교회 건축을 할 때는 아예 기도 책자를 만들었습니다. 그냥 읽기만 해도 이십 분 이상은 읽어야 할 정도로 구체적인 내용을 담은 기도문이었습니다. 그리고 교인들에게 백 번씩 기도해달라고 부탁했습니다. 건축을 위해 헌금하는 것도 중요하지만 기도하는 것도 중요하기 때문입니다. 그때 많은 교인들이 그 기도문을 보면서 함께 백 번씩 기도해주었습니다. 기도제목을 책자로 만들었기 때문에 어느 것이 응답이 됐고, 어느 것이 안 됐는지 체크가 가능했는데, 정말 백 프로 응답을 받았습니다. 그래서 그때 건축했던 예배당은 기도 책자에 있는 대로 이루어진 예배당이라고 간증할 수 있습니다. 제 삶의 많은 기도제목들도 마찬가지였습니다.

그런데 최근 몇 년 동안 제가 하나님 앞에 간절히 기도하고 있는데 아직까지 안 들어주신 기도제목이 있습니다. 그래서 저도 고민이 되었습니다.

'이제 기도 그만하라는 것인가? 이 기도는 하면 안 되는 것인가?'

성경에 이런 말씀이 있지요.

우리가 정욕으로 쓰려고 하나님께 구하면 당연히 안 들어주실 것입니다. 아기가 위험한 칼을 달라고 하면 부모가 안 주는 것처럼, 그런 일도 분명히 있을 것입니다. 그런데 제가 구하고 있는 기도제목은 정욕으로 쓰려고 구하는 게 아닙니다. 그건 분별이 어렵지 않습니다. 그러면 정욕으로 쓰려고 잘못 구하는 것도 아닌데, 왜 하나님이 들어주지 않으실까요? 제 결론은 '주실 때까지 매달려보라는 뜻'이란 것입니다.

그때 저도 야곱의 기도를 생각했습니다. 주실 때까지 포기하지 않고 매달리는 것입니다. 그것은 결코 불신앙이 아닙니다. 야곱이 불신앙이었나요? 그는 이스라엘이 되었습니다. 하나님은 매달리는 것을 기뻐하십니다.

제가 페이스북을 하는데, 페이스북 프로필 사진에 몇 년 동안 걸어두었던 사진이 있습니다. 제가 큰아들 집에 갔다가 집에 오려는데, 막내 손녀딸이 할아버지 가지 말라며 바짓가랑이를 붙잡고 매달렸습니다. 그걸 우리 며느리가 사진으로 찍었는데 그게 그렇게 예뻤습니다. 그래서 제 프로필 사진으로 한참을 해두었습니다. 하나님이 페이스북을 하신다면, 어쩌면 야곱이 그렇게 매달려서 기도했던 장면을 걸어두시지 않을까 하는 생각이 들었습니다. '하나님 들어주세요. 살려주세요. 기도 응답해주세요. 응답해주시기 전에는 절대로 전 못 가요' 하고 매달리는 것, 그게 믿음입니다.

정리해서 말씀드리자면, 맡기라는 것은 마땅히 해야 할 것을 포기하라는 것이 아닙니다. 우리가 해야 할 일은 말씀대로 사는 것과 기도하는 것입니다. 우리가 해야 할 일이 있고 하나님이 하셔야 할 일이 있습니다. 우리가 맡겨야 할 것은 근심, 걱정, 염려입니다. 근심과 걱정과 염려는 하나님께 맡기고 우리는 하나님이 하라고 하신 대로 말씀대로 살고, 하나님께 기도해야 합니다. 하나님께 맡긴다는 건 결코 포기한다는 뜻이 아닙니다.

지금 무엇을 기도하고 있는지 모르겠지만, 우선은 정욕으로 쓰려고 잘못 구하고 있는 것인지 점검해보길 바랍니다. 그게 아니라면 염려와 근심은 하나님께 맡기고 끈질기게 매달려 기도해보세요. 하나님은 기도하라고 하셨습니다. 사랑합니다♡

13

다 예수 믿는데 왜 누구는 가난하고, 누구는 부자인가요?

Q

안녕하세요, 목사님?

어렸을 적부터 저는 넉넉지 못한 삶을 살아왔습니다. 찢어지게 가난하지는 않았지만 말 그대로 그냥 밥 먹고 살 정도였습니다. 결혼해서도 마찬가지고, 지금도 그렇습니다. 그런데 요즘 '왜 누구는 가난하고 누구는 넉넉한가, 왜 나는 신앙생활도 열심히 하는데 여전히 넉넉하지 못한가' 하는 의문이 들곤 하면서 문득문득 억울할 때가 있습니다. '나도 신앙생활 열심히 하고 하나님의 뜻대로 잘 살려고 노력하고 있는데, 왜 나는 늘 부족하지?' 하는 생각 때문입니다.

유아기 신앙 같아서 부끄럽지만, 조금 더 넉넉했으면 좋겠습니다. 내 집이 있었으면 좋겠고 월 소득도 한국인 평균 정도라도 되었으면 좋겠습니다. 이런 마음들이 저를 의기소침하게 만듭니다. 주변에 신앙생활도 잘하고 여유롭게 사는 사람들을 보면 더욱 그렇습니다. 제가 많이 부족한 삶을 살았는지, 성실하지 못했는지, 지식이 부족했는지 등 여러 생각이 들며 괜히 힘이 빠지곤 합니다. 그 사람들과 저의 차이는 무엇일까요?

유아기 신앙 같아서 부끄럽다고 하셨는데 절대로 그렇지 않습니다. 정직하고 솔직한 고민입니다. 누구나 다 똑같은 마음을 품고 산답니다. 하지만 표출은 잘 못할 뿐이지요.

파스칼이 《팡세》라는 책을 썼지요. 그리고 사람을 '생각하는 갈대'라고 표현했습니다. 굉장히 중요한 표현입니다. 인간은 사실 갈대같이 볼품없고 나약한 존재입니다. 그런데 생각할 수 있는 능력이 있기 때문에 만물의 영장이 되었습니다.

'생각'이 만물의 영장이 되게 한 것도 사실이지만, 그 생각이 사실은 행복과 불행도 주관합니다. 생각과 마음가짐이 우리의 삶을 주관합니다. 환경이 우리의 삶을 지배하는 것 같지만, 사실은 생각과 마음이 우리의 삶을 지배합니다.

컵에 물이 반 남아 있을 때, 같은 상황을 놓고 두 부류의 사람이 있다고 합니다. 하나는 '물이 반밖에 안 남았네'라고 하며 부정적으로 접근하는 사람입니다. 모든 일에 이렇게 부정적으로 접근하면 삶이 우울해지고 불행해진다고 합니다. 반면 똑같은 상황을 놓고 '아직 물이 반이나 남았다'라고 반응

하는 사람이 있습니다. 상황은 똑같지만 긍정적으로 생각하면 평안하고 감사하고 여유롭게 살 수 있다는 것입니다. 사연을 주신 분도 '물이 반밖에 안 남았다'라고 생각하기 때문에 힘들게 느끼시는 것이 아닐까요?

'조금 더 넉넉하면 좋겠다. 한국인 평균 정도로 살면 좋겠다'라고 하셨는데, 그 생각이 잘못되었다고 생각하지 않습니다. 그런 마음을 갖는 건 인지상정이지요.

저도 꽤 가난했었습니다. 밥은 굶지 않았으니 찢어지게 가난했다고는 못 할 것 같지만, 거의 찢어지게 가난한 수준의 삶을 살았습니다. 그럼에도 참 감사한 것은, 제가 가난에 상처가 없다는 것입니다. 저는 그렇게 거의 찢어지게 가난했던 어린 시절이 조금도 불행했다고 느껴지지 않습니다. 그게 너무 감사합니다.

물론 저도 가난을 싫어합니다. 조금 넉넉하게 사는 게 좋습니다. 그런데 저는 가난에 상처는 없습니다. 왜 그런가 생각해보니, 교회생활이 너무 행복했습니다. 좋은 목사님, 선생님, 장로님, 권사님을 만났고, 좋은 친구들을 만났습니다. 너무나 좋았던 교회생활이 저를 얼마나 부요하고 행복하게 했는지 모릅니다.

그래서 다시 가난해지고 싶지는 않지만, 저는 아마 가난해져도 나름 잘 살 것 같습니다. 왜냐하면 내 맘대로 안 되는 것도 있지만 내 맘대로 할 수 있는 게 있기 때문입니다. 좋은 친구 사귀고 좋은 인간관계 맺고 교회생활 열심히 하고 보람 있는 신앙생활 하면서 그 은혜와 행복으로 꽉꽉 채울 것입니다. 저는 가난이 싫지만, 가난이 그렇게 무섭지는 않습니다. 가난하면 가난한 대로, 부하면 부한 대로 살 수 있겠다 싶습니다.

'예수 잘 믿는데 왜 나는 가난할까요?'라고 하셨는데, 예수 믿는다고 부자 되는 건 아니잖아요? 예수 잘 믿는데 가난한 사람이 우리 질문 주신 성도님만 있는 건 아닙니다. 반대로 예수 안 믿는데 부자로 사는 사람은 또 얼마나 많은지 모릅니다. 예수 믿어도 가난할 수 있고, 예수 안 믿어도 부유할 수 있습니다.

그런데도 예수를 믿는 이유는, 예수를 믿으면 잘 살기 때문입니다. 저는 '잘 산다'는 말과 '부자로 산다'는 말은 정확히 구분해서 사용합니다. 예수 믿어도 가난할 수 있지만, 예수를 믿는데 못 살 수는 없습니다. 예수를 안 믿어도 부자 될 수 있지만, 예수를 안 믿는데 잘 살 수는 없습니다. 믿음은 환경을 바꾸는 게 아니라 환경을 뛰어넘습니다. 이게 믿음의 힘입니다.

내가 궁핍하므로 말하는 것이 아니니라 어떠한 형편에든지 나는 자족하기를 배웠노니 **빌 4:11**

바울은 '풍부에 처할 줄도 안다'고 말합니다. 정직한 고백입니다. '나도 부자로 살 수 있어. 좀 넉넉하면 좋지. 나는 부자가 되면 정말 예수 믿는 부자답게 잘 살 수도 있을 거야. 난 부한 데 처할 줄 알아'라고 말하는 것입니다.

그런데 바울은 '비천에 처할 줄도 안다'라고 고백합니다. 이 고백이 중요합니다.

'나는 비천한데도 처할 줄 알아. 나는 가난해도 잘 살 수 있어.'

이유가 무엇이겠습니까?

내게 능력 주시는 자 안에서 내가 모든 것을 할 수 있느니라 빌 4:13

그 능력은 가난을 부함으로 바꾸는 것이 아니라, 가난함에도 불구하고 삶과 마음을 부요하게 하는 능력입니다.

비록 무화과나무가 무성하지 못하며 포도나무에 열매가 없으며 감람나무에 소출이 없으며 밭에 먹을 것이 없으며 우리에 양이 없으며 외양간에 소가 없을지라도 나는 여호와로 말미암아 즐거워하며 나의 구원의 하나님으로 말미암아 기뻐하리로다 합 3:17,18

사연을 주신 것처럼, 가난이 이제 정말 싫으실 것입니다. 지치기도 하셨을 것입니다. 아주 당연한 일입니다. 조금도 부끄럽거나 유아기적인 신앙이라고 생각할 것은 없습니다. 그 속을 정직하게 털어놓으신 것이 대단합니다.

　그런데 알지 않습니까? 경제적인 환경을 바꾸는 것보다 내 마음을 바꾸는 게 훨씬 더 빠르고 정확합니다. 그리고 또 바라시는 대로 한국인 평균 정도 되어도 행복하다고 보장할 수는 없다는 것을 아실 것입니다. 한국의 재벌들은 다 행복할까요? 그건 아닙니다. 예수 믿기 때문에 얻을 수 있는 것을 놓치지 않기를 바랍니다. 그것 때문에 기뻐하고, 그것 때문에 감사할 수 있기를 바랍니다. 그것 때문에 많은 사람을 사랑하고, 그래서 하나님나라의 삶을 살아가는 데 실패하지 않는 우리가 되길 바랍니다. 사랑합니다♡

14 제가 좋아하는 일이 하나님이 바라시는 일과 다르면 어떡해요?

Q

안녕하세요, 목사님?

저는 해외에서 음악가를 꿈꾸고 있는 학생입니다. 저는 작년부터 음악가가 되고 싶다는 꿈을 꾸었습니다. 그런데 교회에서 설교를 듣거나 기독교책을 읽다 보면 '나의 길에 하나님을 끼워 맞추려고 하지 말고 하나님이 준비하신 길에 내가 안착해야 한다'라는 내용이 종종 보였습니다.

이 말을 듣고 나서 고민이 많아졌습니다. 제가 가고 싶은 길은 음악가의 길인데 만약 이 길이 하나님이 원하시는 길이 아니면 어쩌나 걱정도 되고, 그렇다면 소명은 어떻게 알고 정하는 걸까 궁금했습니다. 제가 이 길을 가도 될까요? 소명은 어떻게 아는 건가요?

A

전공과 직업을 선택한다는 건 참 중요한 일입니다. 직업은 대부분 돈을 버는 것과 연관되어 있습니다. 그것이 아무것도 아닌 건 아닙니다. 굉장히 중요합니다. 돈을 벌어서 생활하고 가정을 유지하고 세상에 좋은 일도 하는 것이니 말입니다.

직업을 통해서 돈을 번다는 것은 참 중요한 일이지만, 그걸 떠나 평생 자기가 좋아하는 일을 직업으로 선택해서 행복하게 사는 것은 훨씬 더 중요한 일입니다.

직업을 선택할 때 보통 사람들이 '적성'이라는 말을 합니다. 그게 내 적성에 맞냐, 맞지 않냐 하는 것입니다. 돈이라든지 다른 욕심에 이끌려서 적성에 맞지 않는 직업을 택하여 산다면 혹시 돈을 번다고 해도 행복하지 않을 것입니다. 그것은 잘 맞지 않는 옷을 입은 것과도 같기 때문입니다.

적성에 맞는 일을 평생에 하면서 살아간다는 것은 참 즐겁고 행복한 일인 것 같습니다. 저는 목사가 직업이고 지금도 누리면서 사는데, 저는 목사가 적성에 맞는 것 같습니다. 목회하면서 힘들고 어렵고 고통스러운 때도 많았지만, 목회가 주는 기쁨과 즐거움이 더 많아서 그런 고통들을 다 잊고 삽니다. 그리고 제가 목사라는 것이 늘 즐겁고 감사합니다. 왜 그런가 했더니, 적성에 맞기 때문인 것 같습니다.

그래서 직업을 얘기할 때 적성과 맞춰보는 게 참 중요합니다. 그런데 그 적성을 어떻게 알 수 있는가 하면 하나님이 주신 은사를 찾아보면 알 수 있습니다.

하나님은 우리 인간을 창조하실 때 각기 다른 은사를 주시는데, 은사는 재능입니다. 다른 말로 달란트라고 얘기할 수 있습니다. 하나님은 각기 다른 달란트를 주셨습니다. 어떤 사람은 그림을 잘 그리는 달란트를, 어떤 사람은 음악을 잘하는 달란트를, 어떤 사람은 운동을 잘하는 달란트를, 어떤 사람은 가르치는 달란트를. 이렇게 각기 다른 은사와 달란트를 주셨습니다. 그것이 하나님이 우리에게 주신 소명과 연관이 됩니다. 하나님은 우리 한 사람 한 사람을 뜻과 계획을 가지고 만드셨기 때문입니다. 은사를 생각하면 소명을 발견할 수 있습니다.

문제는 '은사는 어떻게 아는가'입니다. 이것은 세 가지 꼭짓점을 찍고 맞춰보면 됩니다.

첫째는 내가 하려고 하는 일이 '옳은 일인가, 좋은 일인가, 나쁜 일은 아닌가' 점검해보는 것입니다. 세상엔 나쁜 일이 많습니다. 자기 이익만을 생각하고 남에게 해를 끼치는 것, 하나님이 기뻐하시지 않는 직업들도 많습니다. 그런 것들은 하나님이 은사로 주실 리가 없습니다. 제가 자주 하는 말인데 '도박은 아무리 좋아하고 잘해도 은사일 수가 없다'는 겁니다. 왜냐하면, 그것은 옳은 일이 아니기 때문입니다.

둘째는 '좋아하냐'입니다. 하나님이 은사를 주시면, 사람은 그 분야를 좋아하게 되어 있습니다. 그래야 그 일을 할 터이니, 그 일을 좋아하게 설계하셨습니다. 그림 그리는 사람은 그림 그리는 걸 좋아하고, 음악하는 사람은 음악 하는 걸 좋아할 겁니다.

저는 가르치는 게 좋습니다. 저는 칠판에 백묵을 들고 서 있으면 참 좋았습니다. 요즘도 유튜브에서 설교하고 강의하는 게 즐겁고 좋습니다. 우리 질문을 보내준 학생이 '음악가가 되고 싶어요'라고 한다는 것은 음악을 좋아한다는 것인데, 좋아하면 그게 은사일 가능성이 높습니다.

셋째는 '잘하는가'입니다. 달란트는 남보다 뛰어난 것입니다. 음악적인 달란트가 있는 사람은 그림은 잘 못 그릴 수 있는데, 음악은 남보다 탁월합니다. 똑같이 하는데 남보다 잘하는 것들이 있습니다. 그것이 은사일 가능성이 높습니다. 그래서 본인이 음악을 좋아하고 음악적인 재능이 남보다 뛰어나다는 생각이 든다면, 하나님이 주신 소명일 가능성이 높습니다.

그리고 중요한 것은 음악을 나쁜 목적으로 하는 것이 아니라는 것입니다. 음악은 좋은 일이지 않습니까. 음악처럼 기막힌 하나님의 창조물이 없습니다. 음악이 얼마나 하나님을 영화롭게 하고 세상을 아름답게 하고 사람을 행복하게 하는지 모릅니다. 거기에 쓰임을 받는다는 것은 좋은 일이니, 저는 우리 학생이 특별히 고민을 많이 하지 않아도 될 거라 생각합니다. '하나님이 나한테 음악적인 소명과 달란트를 주셨으니까 이 일 가지고 하나님을 영화롭게 하고, 많은 사람을 행복하게 하는 삶을 살아야지. 세상을 아름답게 해야지'라는 마음으로 진로를 정하고 앞으로 나아간다면, 특별히 '내가 너무 내 욕심 때문에 끼워 맞추려고 하는 것인가'라는 고민은 하지 않아도 괜찮을 것 같습니다.

그리고 또 하나 우리 학생에게 얘기해주고 싶은 것이 있습니다. 하나님은 물론 우리에게 은사를 주시고 소명을 주셔서 그 일을 잘해주는 것, 그러니까 하나님나라의 일꾼으로 사는 것도 참 기뻐하시고 좋아하십니다. 그런데 우리가 알아야 할 것이 있습니다. 하나님은 우리가 충성스러운 일꾼으로 사는 것도 기뻐하시지만, 우리가 무언가를 좋아하고 기뻐하고 즐거워하며 사는 것을 참 좋아하십니다. 그래서 하나님이 이렇게 말씀하십니다.

항상 기뻐하라 쉬지 말고 기도하라 범사에 감사하라 이것이 그리스도 예수 안에서 너희를 향하신 하나님의 뜻이니라 **살전 5:16-18**

항상 기뻐하는 것, 내가 기뻐하면서 사는 것, 즐거워하면서 사는 것, 즐거워하는 일을 하면서 사는 자체를 하나님은 기뻐하십니다. 하나님은 우리 학생에게 이렇게 말씀하실 것 같습니다.

'너 음악 좋아하지? 알고 있니? 내가 너에게 음악적인 소질과 소명과 은사를 줬기 때문이야. 너 열심히 해라. 힘들기도 하겠지만 그것을 즐겨라. 음악 하면서 기뻐하고 행복하고 만족하며 살면 그렇게 사는 네 모습을 보는 내가 참 행복하단다.'

하나님은 이렇게 말씀하시며 응원하시지 않을까요.

우리 둘째가 영화 일을 합니다. 다른 진로로 공부하다가 군 제대 후에 진로를 바꾸었습니다. 영화로 진로를 바꿀 때 저는 딱 하나 물어보았습니다.

"너 영화 하면 힘든 것 아니?"

그런데도 하고 싶다고 하기에 저는 두말 하지 않고 동의해 주었습니다. 지금 영화, 드라마 각본도 쓰고 연출도 하는데 고생이 많습니다. 그런데도 자기가 좋아하는 일이고 잘하는 일이니까 얼마나 즐거워하는지 모릅니다. 직업은 그렇게 선택하는 것이라고 생각합니다.

음악도 사실 부모로서는 권하고 싶지 않은 직업일 겁니다.

너무 좁잖아요. 공부하는 게 제일 쉽습니다. 음악으로 성공하기가 어렵습니다. 하지만 그런데도 하고 싶다면, 욕심 때문에 구하는 게 아니라 자기가 좋아서, 이것을 통해 하나님께 영광 돌리려고 하는 목적만 있다면, 소명이 아니면 어쩌나 고민하지 않아도 되지 않을까 싶습니다.

자기 직업적인 소명을 가지고 '이게 하나님의 뜻일까, 아닐까?'를 고민한다는 것 자체를 하나님은 기뻐하시고 기특하게 생각하실 겁니다. 그걸 가지고 고민한다는 게 얼마나 귀하고 예쁘게 보이는지 모릅니다. 제 눈에도 예쁜데 하나님은 얼마나 예뻐하시겠습니까. 하나님이 가장 좋은 길로 인도해주시리라 믿습니다. 사랑합니다♡

15 | 소명에 대한 순종은 어디까지 해야 하나요?

Q

안녕하세요, 목사님?

저는 선교단체에서 사역하고 있는 간사입니다. 오년 정도 사역을 해왔는데, 최근 사람들에게 지치는 일들을 겪으며 사람 대하는 것이 너무 힘들고 마음이 자꾸 다운됩니다. 제 감정이 좋고 싫고를 떠나 점점 무감정으로 변하고 있습니다. 이런 상황에서 계속 사역을 해야 한다는 게 힘이 듭니다.

이런 저에게도 처음엔 분명한 하나님의 부르심이 있었고, 하나님이 제게 주신 소명이란 확신이 있었습니다. 부르심에 순종하는 마음으로 시작한 사역인데, 지금은 그만두고 도망치고 싶습니다. 도망치자니 소명을 버리는 것 같고, 계속하자니 제가 너무 가짜처럼 느껴집니다. 목사님도 이런 적이 있으셨나요? 전 어떻게 해야 할까요? 소명에 대한 순종은 어디까지 해야 하나요?

A

많이 힘드시죠? 힘들 겁니다. 당연히 저도 그런 적이 있었지요. 그런 기분과 감정을 느껴보지 않고 사는 사람도 있을까요? 특히 사역자들에게 제일 힘든 일이 사람을 대하는 일입니다. 저의 경험을 물으셨으니 말씀드리면, 저도 예전에 목회하면서 사람에 치이고 지쳐서 더 이상 도저히 목회할 수 없다고 생각했던 적이 있었습니다. 그때 사택도 반납하고 두 달 동안 두문불출했는데, 진짜로 거의 죽다 살아났습니다. 스트레스가 너무 심해서 더 발전하면 실명을 할 수도 있다는 말까지 들었습니다.

그러던 어느 날, 축 처져서 먹지도 못하고 자지도 못한 채 소파에 늘어져 있었는데 벽에 걸린 십자가가 제게 말을 걸었습니다.

'난 너 죽는 꼴 못 봐. 난 무슨 수를 써서라도 너 살리고 말 거야.'

그게 그렇게 힘이 되었습니다. '내가 이까짓 것 때문에 죽고 망할 사람이라면 우리 예수님이 날 위해 십자가를 지시지도 않았다'라는 십자가에 대한 새로운 깨달음이 있던 순간이었습니다. 그동안은 십자가에 대해 상식적이고 객관적인 지식을 갖고 있었는데, 그 십자가가 나에게 말을 거니 그 은혜가 감당할 수 없을 정도로 컸습니다.

그때 제가 겪던 고통도 제가 감당할 수 없을 만큼 컸는데, 그것을 극복하는 은혜가, 더 큰 은혜가 십자가를 통해 제게 오니까 거기서 힘을 얻고 다시금 목회를 할 수 있었습니다.

그때 저를 힘들게 했던 '한 사람'이 있었습니다. 어떤 날은 너무 힘들어서 하나님께 이렇게 물었습니다.

'하나님, 저 인간도 사랑하세요?'

사실 혼잣말 같은 질문이었는데 하나님이 대답을 해주셨습니다.

'그럼, 내가 사랑하지. 사람이 다 옳고 좋아서만 사랑하냐? 내 자식이니까 사랑하지.'

그때 십자가가 또 생각났습니다. 내가 싫어하는 사람, 나를 힘들게 하는 사람, 그 사람도 하나님이 사랑하시는 사람이고, 그 사람 때문에 예수님이 십자가를 지셨다는 것을 인정하게 되었습니다. 그리고 그때 '하나님이 사랑하는 사람을 내가 힘들다고 미워하면 안 되겠구나. 하나님이 싫어하시겠구나'라는 것을 깨달았습니다.

그리고 또 하나 깨달은 게 있습니다. 그날 십자가를 통해 저를 비춰보는데 하나님이 이런 마음을 주셨습니다.

'너는 좀 낫냐?'

제 기준으로 볼 때 저는 제가 그 사람보다 좀 나은 것 같았습니다. 그러나 하나님의 기준으로 생각해보니 '도긴개긴'이 었습니다. 하나님 보시기에 제가 나으면 얼마나 더 낫겠습니까? 그런 제가 그 사람을 이런저런 이유로 싫어하고 미워한다면 하나님이 속상하실 수 있겠다는 생각이 들었습니다. 그다음부터는 사람을 싫어하는 일이 없어졌습니다. 사람에 대해 힘들고 지칠 때면 '사람이 그렇지 뭐' 하고 넘어갈 수 있는 힘이 생겼습니다. 그런 힘들고 어려운 상황을 버텨낼 수 있는 영적인 근육이 생긴 것입니다.

제가 예전에 교회 개척을 할 때 누구에게도 저와 같이 교회를 개척해보자고 말하지 않았습니다. 목회 윤리에 어긋난다고 생각했기 때문입니다. 그런데 제가 딱 한 사람, 같이 나가서 개척해보지 않겠냐고 얘기한 사람이 있었습니다. 그 사람이 제 얘기를 듣고 깜짝 놀랐습니다. "저요?" 하고 되물었습니다. 저를 그렇게 힘들게 했던 그 '한 사람'이었습니다. 저는 장난이 아니라 정말 진심으로 물어본 것이었습니다. 결론적으로 그 분이 함께하시진 않았지만, 그때 은혜가 사람에 대한 미움과 고통을 이기는 것을 경험해보았습니다.

사람과 환경이 변해서 살아갈 수 있는 여건이 만들어지는 게 아닙니다. 사역은 누구에게나 힘듭니다. 누구든 언제라도 지칠 수 있지요. 옛날 선지자들도 그랬습니다. 그런데 힘든 상황이 바뀌어서 '목회할 만하네, 사역할 만하네' 하는 게 아니라, 하나님의 주시는 은혜가 그 고통과 힘듦과 지침을 밀어내는 것입니다. 그러니 사람과의 관계에만 집중하지 말고, 그것은 그대로 내버려두고 이겨낼 수 있는 은혜를 달라고 하나님 앞에 간구해보길 바랍니다.

제 경험을 하나만 더 말씀드리려고 합니다. 어느 토요일에 제가 시무하던 교회의 한 장로님과 심하게 다툰 적이 있었습니다. 깊은 상처를 받았습니다. 당시 주일마다 고등부 설교를 했었는데, 마음이 격동되어 있으니 주일 새벽 네 시가 되도록 설교의 가닥이 안 잡혔습니다. 설교 준비는 안 되고, 시간은 다가오고, 너무 고통스러워서 잠깐 침대에 누웠습니다.

그때 제가 좋아하는 찬송가 하나가 마음에서 툭 터졌습니다. "나의 갈 길 다 가도록 예수 인도하시니 어려운 일 당한 때도 족한 은혜 주시네"라는 찬양이었습니다. 이 가사가 은혜가 되기 시작했습니다.

'전에도 이런 어려운 일이 많았는데 그때도 하나님이 이길 만한 은혜를 주셨지.'

그러면서 '아멘'으로 고백하게 되었습니다. 에스겔서에 보면 성전에서 물이 흘러나와 발목에 차고, 무릎에 차고, 허리에 찼는데, 제가 그것을 경험했습니다. 마음에 은혜가 차는데,

발목에 차고, 무릎에 차고, 허리에 차서 눈물을 철철 흘리며 찬송을 부르고 또 불렀습니다. 은혜가 꼭대기까지 찼습니다. 그랬더니 놀라운 일이 일어났습니다. 장로님을 이해하기 시작한 것입니다.

'장로님도 교회를 위해서 그러시는 건데, 그저 나와 생각이 달라서 그런 거지.'

은혜가 머리 꼭대기까지 차자 미움이 사랑으로 금세 바뀌었습니다. 그렇게 안 풀리던 설교 준비도 금방 끝났습니다. 주일에 고등부 설교 잘 하고 그 장로님을 찾으러 다녔습니다. 그리고 그 장로님을 보고는 가서 덥석 끌어안았습니다. 사실 저는 성격이 내성적이라 사람을 덥석 안는 일이 별로 없는데, 그날은 그렇게 안았습니다. 꼭 안았습니다. 장로님이 당황하셔서 저를 조금 밀치려고 하시다가 제가 꼭 안는 것에서 진심이 느껴지니 장로님도 저를 안으셨습니다. 거기서 상황은 종료되었습니다.

제가 드리고 싶은 말씀은, 은혜가 미움과 싫증과 지침을 이긴다는 것입니다. 그러니 그런 것들과 싸우지 말고 '나는 은혜받는 일과 싸우겠다'라고 생각하고 영적인 근육을 키우는 일에 집중해보길 권면드립니다.

사역하다 보면 힘들고 지칠 때가 있습니다. 다 힘들 때가 있지요. 저도 죽도록 힘들 때가 여러 번 있었습니다. 그래도 목표가 주는 기쁨이 사역이 주는 힘듦을 이길 수 있도록 하나님이 도와주셨습니다.

작전을 짜서야 합니다. 힘들수록 감당할 근육을 키우면 됩니다. 세상의 고통과 어려움과 불안과 불행보다 은혜가 훨씬 큽니다. 지금은 지쳐서 은혜가 방전되어 그렇게 힘이 드는 것입니다. 그러니 힘든 것은 생각하지 말고, 당분간 방전된 은혜를 충전하는 데 집중해보세요. 조금 쉬면서 은혜받는 일에 몰두해보길 바랍니다.

사람과 씨름하지 말고 은혜와 씨름하세요. 사람과 씨름하면 지칩니다. 그러나 하나님과 씨름하면 힘이 생깁니다. 하나님이 주시는 그 힘으로 잘 이겨내실 줄 믿습니다. 사랑합니다 ♡

16 현실이 부담돼서 아이를 갖지 않으려는 제 믿음은
잘못인가요?

Q

안녕하세요, 목사님?

저는 결혼한 지 얼마 안 되었는데 최근 들어 자녀 계획을 묻는
사람들이 많습니다. 그때마다 아이를 갖게 될 때 마주하게 될
현실적인 문제 때문에 가슴이 답답합니다. 하나님은 생육하고
번성하라고 하셨지만, 저는 아이를 키울 자신이 없습니다. 현
실적인 걱정으로 아이를 낳지 않으려는 제 믿음은 잘못된 것일
까요?

A

무척 중요하고 힘든 문제이지요. 저는 이 사연을 보면서 엉뚱
하게 단어 하나가 생각났습니다. '가스라이팅'(gaslighting)이
란 단어입니다. '가스라이팅'은 심리적 조작 등을 통해 타인의
마음에 스스로에 대한 의심을 불러일으키고 현실감과 판단력

을 잃게 만듦으로써 사람에게 지배력을 행사하는 것을 가리키는 말입니다.

저는 우리 사회가 젊은이들에게 가스라이팅을 하고 있다고 생각합니다. 아이를 낳아 기르는 데 돈이 얼마나 드는지 아느냐, 힘이 얼마나 드는지 아느냐고 말입니다. 그래서 많은 젊은이들이 '아이를 정말 낳아도 될까? 낳기만 하고 제대로 감당하지 못하면 아이에게 죄짓는 것이 아닌가'라는 생각을 하게 합니다. 저는 이런 게 일종의 가스라이팅이라고 생각했습니다.

정말 그런지 팩트 체크를 해봐야 합니다. 우리 환경이 정말 그렇게 자식을 낳아 기를 수 없을 정도로 열악한가 말입니다. 저는 아니라고 생각합니다.

부정적인 이야기를 많이 들어서 겁을 먹고 염려할 수는 있지만, 지금 우리 사회가 자식을 낳아 기를 수 없을 만큼 열악한 상황은 아닙니다. 저는 캄보디아나 말라위나 동남아시아의 가난한 나라들도 많이 다녔는데, 그 나라들을 생각하면 우리나라는 세상 기준으로는 최고 수준입니다. 그 나라들에서도 다들 아이 낳고 기르며 사는데, 그곳 아이들이 다 불행할 것이라고 단정하지 마세요. 물론 불행한 아이들도 많지만, 가난에도 불구하고 부모와 자식 간에 서로 사랑하면서 아름다운 가정을 이루며 살아가는 사람들이 얼마나 많은지 모릅니다.

간혹 '나는 우리 부모님처럼 아이를 잘 기를 자신이 없다'고 하는 젊은 분들이 있습니다. 너무 자신만만한 것도 문제지만, 무작정 자신 없어 하는 것도 문제입니다. 우리 부모님들은 자신 있어서 우리를 낳고 키웠을까요? 사람은 다 같습니다. 우리 부모님이 자녀를 낳아서 잘 키우셨다면, 우리도 그럴 수 있습니다. 하나님이 우리에게도 자녀를 훌륭하게 잘 키울 수 있는 지혜와 능력을 허락해주십니다. 이것은 사람이 살아오는 역사 동안 계속되어왔고 또 입증되어온 진리입니다. 그러니 자신 없어 하며 좌절하지 마세요.

아프리카에 스프링 폭스라고 하는 산양이 있습니다. 이 산양은 수천 마리씩 떼를 지어 사는데, 간혹 벼랑으로 내달아서 집단으로 떨어져 죽는다고 합니다. 원인을 연구하던 학자들이 이렇게 설명했습니다. 수천 마리씩 떼를 지어 살다 보니 뒤에 있는 양은 풀을 뜯어 먹을 수가 없다고 합니다. 앞의 양들이 다 뜯어 먹었거나 밟아버렸기 때문입니다. 그래서 자꾸 앞으로 가려고 앞의 양들을 밀게 되는데, 뒤의 양이 자꾸 미니까 앞에 있는 양들은 걸음이 빨라지고, 빨라지다가 뛰게 된다고 합니다.

그러면 뒤의 양이 '너 먼저 가. 우린 천천히 풀 뜯어 먹고 따라갈게' 하면 되는데, 집단에서 이탈하는 것을 두려워하는 양들인지라 앞의 양들이 뛰면 뒤의 양들은 영문도 모르고 그냥 따라 뛴다는 것입니다. 앞의 양은 뒤에서 미니까 뛰고, 뒤의 양은 앞에서 뛰니까 또 같이 뛰는 것입니다. 왜 뛰는지, 어디로 뛰는지 판단도 없이 뛰다가 벼랑을 만나면 다 같이 떨어져 죽는 것입니다.

전 사람들이 스프링 폭스 같을 때가 많다고 생각합니다. 우리는 모두 좋은 학교 가고, 좋은 회사 들어가야 한다고 생각해서 다같이 한 방향으로 뛰어가고 있습니다. 그 길로 안 뛰면 죽을 것처럼 뛰어갑니다. 그런데 그렇게 열심히 뛰어만 갈 것이 아니라 하나님 앞에서 곰곰이 생각하며 판단해봐야 합니다. 자녀는 하나님이 우리에게 주신 최고의 복이며, 여호와의 기업이자 상급입니다.

제가 무녀독남 외아들로 자라서였는지 모르겠지만 결혼한 순간부터 저는 아이를 기다렸습니다. 그러다 첫아이가 생겼을 때 너무 기뻐서 뛰어다니느라 걸어 다니질 못했습니다. 저절로 공중 부양이 되는 것 같았습니다. 배 속에 있는 아이의 이름도 진작부터 지어놓았습니다. 저희 큰아이의 이름은 '김부열'입니다. 아비 부(父)에 기쁠 열(悅), '아비의 기쁨'이란 뜻이지요. 진짜 말도 못 하게 기뻤습니다.

당시는 "둘만 낳아 잘 기르자"라는 구호로 산아 제한을 장려하던 때였는데, 저희 부부는 아들 셋을 낳았습니다. 막내가 학교 다닐 때 어버이날이라고 부모님에게 편지를 써 왔는데, 제 엄마에게 이렇게 써왔습니다.

"저까지 낳아주셔서 감사합니다."

그런 막내의 편지에 아내가 기가 막힌 답장을 썼습니다.

"그래서 엄마는 기쁨이 세 배야."

저는 이것이 천하의 명답이라고 생각합니다. 자식을 낳고 기르는 데에 왜 힘들고 어려운 일이 없겠습니까? 자식 때문에 속도 썩지요. 하지만 자식이 주는 기쁨과 비교할 수 없습니다. 저는 늘 계산을 해봅니다. 우리 아이가 나에게 준 상처나 아픔도 있겠지만, 그것이 우리 아이가 나에게 준 기쁨과 은혜와 축복과는 비교할 수 없다는 계산이 나옵니다. 그래서 자녀 교육에 관한 책을 썼는데, 그 책의 제목을 이렇게 붙였습니다.

"자식의 은혜를 아는 부모."

물론 자식이 주는 기쁨이 아무리 큰들, 현실적인 형편이 받쳐주지 않는데 아이를 낳는 것은 무책임한 것이 아니냐라고 생각하는 사람들도 많을 것입니다. 제가 결혼할 당시 저는 아직 신학생이었기 때문에 굉장히 가난했습니다. 결혼 전 우리 집 수입은 오만 원이었습니다. 그 돈을 가지고 한 달을 살았지요. 그런데 결혼했더니 교사였던 아내의 월급이 무려 십삼만 오천 원이어서, 한 달 수입이 거의 네 배나 늘었습니다. 갑자기 엄청난 부자가 된 기분이었습니다. 가난하게 살다가 재정적으로 여유가 생기니 얼마나 좋았는지 모릅니다.

그러다 첫째 아이를 낳고 둘째 아이가 생기면서 아내가 사직을 했습니다. 아이 하나는 어머니가 봐주실 수 있었는데 아이 둘을 맡기기엔 무리라는 생각과 아이를 잘 기르는 것이 중요하다는 생각에 아내가 과감하게 교사라는 좋은 직업을 포기한 것이지요.

우리 집은 다시 가난해졌습니다. 하지만 그때도 그렇고 지금도 믿는 것은, 가난하다고 아이를 못 기르는 것은 아니란 것입니다. 사실 결론적으로 생각하면 아내에게 무척 미안합니다. 아내의 사회생활을 포기하게 한 셈이니 말입니다. 하지만 아내의 말대로 대신 기쁨이 세 배가 되었습니다.

어느 것을 선택할 것인가는 옳고 그름만으로는 판단할 수 없습니다. '무엇이 더 소중한가'라는 측면에서 생각해볼 때, 저는 저와 아내의 선택이 잘못되었다고 생각하지 않습니다. '우리는 손해 본 것이 없다. 무엇보다 큰 기쁨과 축복인 아들 셋이 있지 않나'라는 생각을 해보았습니다.

그리고 한 가지 더 얘기하고 싶은 것이 있습니다. 지금 생각하고 판단하는 과정에 하나님을 계산에 넣으셨나요? 뭐든 생각하고 판단할 때, 꼭 하나님을 넣어야 합니다. 하나님을 빼고 생각해서는 풀리는 문제가 아무것도 없습니다. 하나님을 계산에 넣으면 식이 달라지고, 식이 달라지면 답도 달라집니다. 하나님을 계산에서 빼고 생각하면 내 자식은 내가 다 먹이고 입히고 감당해야 할 것 같지만, 하나님을 계산에 넣으면 하나님이 먹이시고 입히시고 기르신다는 전혀 다른 식이 나옵니다.

저는 목회하면서 엉뚱한 일도 참 많이 했습니다. 인간적 머리로 계산하면 답이 잘 안 나오는 일들을 많이 했는데, 그때마다 걱정과 반대에 많이도 부딪혔습니다. 그럴 때 제가 이런 불경스러운 표현을 쓰곤 했습니다.

"하나님은 뒀다 어디다 쓰냐?"

그때 제 마음에서 하나님이 무척 좋아하신다고 느껴졌습니다. 꼭 제 안에서 '내 말이 그 말이다'라고 하시는 것 같았습니다.

우리가 결혼을 하고 안 하고, 자식을 낳고 안 낳고를 판단하고 결정할 때 현실적인 문제를 고려하지 않을 수 없지만, 그 안에 꼭 하나님을 대입하여 팩트 체크를 해보기 바랍니다. 그렇게 해보면 지금 걱정하고 있는 것과는 전혀 다른 판단과 선택을 할 수도 있을 것입니다.

우리 사회가 자식을 기르기 쉽지 않을 수 있습니다. 맞습니다. 이제 갓 결혼한 청년이 무거운 고민을 하는 현실을 볼 때 제 마음이 답답하고 안타깝습니다. 그런데 하나님께서 우리 사랑하는 젊은 청년들에게 하나님을 믿는 믿음을 현실로 대입해서 다시 한번 문제를 풀어볼 수 있도록 은혜를 베풀어주시기를 바랍니다.

제가 목회하는 동안 하나님이 많은 일들을 하게 해주셨는데, 지금 제 삶에 가장 크게 남은 것은 아들 셋과 며느리 셋, 그리고 손주들입니다. 이 이상의 축복이 없습니다. 바라기는 우리 사랑하는 청년도 훗날, 이 복을 누리셨으면 좋겠습니다. 사랑합니다♡

PART
3

하나님과의
관계가
어려워요

17 하나님의 사랑을 잘 모르겠습니다

Q

안녕하세요, 목사님?

저는 신앙생활을 하고 있는 삼십 대 청년입니다. 저는 태어날 때부터 보육원에 맡겨져 자랐습니다. 고등학교 졸업과 함께 퇴소하게 되었고 이후 십 년이란 시간을 혼자 살아왔습니다.

스무 살 때 친구의 전도로 교회에 나가게 되어, 지금까지 신앙생활을 하고 있습니다. 성경을 읽다가 로마서에서 하나님을 "아빠 아버지"라고 부르게 되었다는 말씀을 보자마자 눈물이 흘렀습니다. 태어나서 처음으로 누군가를 '아버지'라고 부를 수 있다는 것이 기쁘고 감사했습니다.

하지만 어릴 적부터 제 안에 자리 잡은 부정적인 생각들과 결핍들이 여전히 남아 있고, 제가 처한 상황과 환경은 너무 힘이 듭니다. '왜 이런 상황에서 태어나 살아가야 하나' 하는 원망의 마음도 큽니다. 또, 제가 조금만 잘못해도 하나님께 버림받을 것 같다는 마음이 들어 두렵게 느껴지기도

합니다. 하나님의 사랑에 대해서도 잘 모르겠습니다. 어떻게 하면 하나님의 사랑을 느낄 수 있나요? 그리고 하나님은 정말로 저의 아픔과 슬픔과 눈물을 아시나요? 매일 아침 눈물로 기도하지만 어떻게 그 사랑을 느끼고 누릴 수 있는지 모르겠습니다.

A

어려운 환경 속에서도 하나님에 대한 믿음을 버리지 않고 열심히 살아가기 위해 애쓰는 모습이 무척 귀하게 느껴집니다. 태어나면서부터 친부모와 형제 없이 보육원에서 자라다가 고등학교 졸업 후에는 보육원도 나와 혼자의 힘으로 힘든 세상을 살아왔는데, 그 시간이 얼마나 힘들고 어려웠겠습니까? 원망, 분노, 부정적인 생각, 하나님에 대해 해결되지 않는 의심 같은 것들이 생기는 건 당연한 일이라고 생각됩니다.

그런데 우리 사연을 주신 청년이 참 감사하고 훌륭한 게 있습니다. 그렇게 힘든 경우에는 대개 자신에 대해 고민하지 않습니다. 세상에 대해 분노하고 복수하고 싶어 하며 사람들을 미워하고 해코지하는 것으로 분을 풀려는 사람도 있는데, 우리 청년은 자신을 바꾸면서 해결되기를 원합니다. 그건 예전부터 예수님을 믿었기 때문에 갖게 된 매우 중요한 삶의 자세라고 생각합니다.

그렇다면, 어떻게 하면 바뀔 수 있을까요? 아침마다 눈물로 기도해도 쉽게 해결되지 않아서 안타까워하고 있는데, 원래 사람이 바뀌는 게 제일 어려운 것입니다.

성경에 보면, 예수님이 니고데모에게 하신 말씀이 있습니다.

예수께서 대답하시되 진실로 진실로 네게 이르노니 사람이 물과 성령으로 나지 아니하면 하나님의 나라에 들어갈 수 없느니라

요 3:5

물과 성령으로 거듭나야 한다는 말씀입니다. 그리고 실제로 이 역사가 초대교회 오순절 날 일어나지 않았습니까. 예수님이 말씀하신 대로 예루살렘을 떠나지 않고 성전에 모여서 열심히 기도하다가 오순절 날에 성령을 받았더니, 거듭났습니다. 거듭남이 무엇입니까? 사람이 완전히 바뀌는 것입니다.

'내 것이야' 하고 욕심부리던 사람이 '우리 같이 쓰자' 하고 유무상통하는 것으로 180도 바뀌었습니다. 훈련하고 노력하고 공부하고 학습해서 바꾼 게 아니라, 그냥 하루아침에 하나님이 뒤집어놓으신 겁니다.

저는 이 질문을 받고 사연을 주신 우리 청년에게 하나님이

뒤집어주시는 거듭남의 역사가 있어야겠다고 생각했습니다. 그 속에 있는 원망, 불평, 분노, 미움 같은 것들을 하나님이 확 바꾸어주시면 변화가 가능하겠다는 생각이 들었습니다. 그래서 '성령 받기를 위해서 기도하라'라고 하신 예수님의 말씀처럼, '하나님, 저도 성령으로 거듭나게 해주세요. 제 속에 있는 원망과 불만과 불평을 다 없애주시고 하나님에 대한 불만과 의심도 싹 없어지게 해주세요. 그리고 하나님의 사랑을 온전히 느끼고 받아들일 수 있도록 저를 거듭나게 해주세요'라고 기도하는 게 중요하겠다는 생각을 했습니다.

또한 이 일을 하나님께만 맡기고 자신은 아무것도 하지 않는 것은 옳지 않습니다. 하나님께 거듭나게 해달라고 의탁하는 것과 동시에, 스스로도 나름대로 노력해야 합니다.

우리 청년의 문제는 충분한 사랑을 받지 못해서 생긴 결핍에서 온 것입니다. 사람은 살아가면서 건강해지기 위해 꼭 받아야 하는 사랑의 총량이 있습니다. 그걸 받지 못하면 결핍이 오고, 애정과 사랑의 결핍에서 모든 부정적인 문제들이 생깁니다. 내 속에 사랑이 채워져야 하는데 누가 나를 사랑해주지 않으니 말입니다. 채워질 만큼의 사랑을 받을 여건이 만만치 않습니다.

근데 사랑은 참 이상한 것입니다. 사랑은 받을 때도 채워지지만, 줄 때도 채워집니다. 그게 참 신기합니다. 주면 없어져야 하지 않습니까? 나한테 사랑이 열 개 있어서 남에게 다섯 개를 주면 나에게 다섯 개밖에 없어야 하는데, 그렇지 않습니다. 사랑은 받아도 채워지지만 줘도 채워집니다. 어떤 면에선 주면 더 빨리 채워집니다. 그러니 사랑을 받으려고 하지 말고 스스로가 사랑할 대상을 찾는 게 좋겠다는 생각이 듭니다.

이것도 단계가 있습니다. 사랑하다가 제일 힘든 건 배반당하는 것입니다. 그러니 내가 사랑해도 쉬이 나를 배반하지 못하는, 배반할 줄 모르는 대상을 선택하는 것도 지혜가 되지 않을까 싶습니다.

저 같은 경우는 동물을 좋아합니다. 부담이 되고 힘도 들겠지만, 혹시 가능하다면 개나 고양이 같은 반려동물을 키워보면 어떨까요? 그리고 일방적으로 사랑을 쏟아붓는 것입니다. 그렇게 사랑을 주면, 그들도 사랑을 줍니다. 동물이든 식물이든 어떤 것이든 그렇게 사랑하는 것이 쌓이고 채워지면 좋을 것 같습니다.

그리고 좋은 친구를 한번 사귀어보세요. 사귈 때 친구로부터 내가 받는 것보다 주는 걸 더 많이 해도 억울하지 않을, 그런 대상을 택하길 바랍니다. 내가 사랑을 받으려고 친구를 사귀는 게 아니라, '내 사랑을 너에게 다 주마' 하는 마음으로 사랑을 줄 대상을 찾아서 사랑하기 시작하면 사랑이 채워집니다.

그렇게 하다 보면 하나님의 사랑도 이해하게 됩니다. '하나님이 나를 이렇게 사랑하시겠구나' 하는 것을 배울 수 있게 됩니다. 세상을 사랑하고 사람을 사랑할 줄 모르면 하나님의 사랑도 이해하기가 어렵습니다.

제가 두 가지로 말씀을 드렸는데, 첫째는 거듭나게 해달라고 기도하는 것입니다. 둘째는 사랑을 채우는 것인데, 내가 사랑을 받아서 채우려고만 하지 말고 사랑을 주어서 채우려고 해보는 것입니다. 그렇게 해보면 하나님이 도와주셔서, 하나님이 나를 사랑하시고 버리지 않으시고 지키신다는 것을 깨닫게 되리라 믿습니다. 이러한 고민을 하나님이 예쁘게 보실 것이고, 반드시 그 길로 인도해주실 것을 믿습니다. 사랑합니다♡

주님 한 분만으로 충분하다는 고백이 나오지 않아요

Q

안녕하세요, 목사님?

저는 타지에서 혼자 일하면서 공부하는 청년입니다. 최근 기도 중 주님께서 '나 하나만 있어도 괜찮으냐'라고 물으시는 것 같은 마음이 들었는데, 진심으로 그렇다고 대답하지 못한 저 자신에게 너무 속상했습니다. 그러던 중 친하게 지내던 친구와 오해가 생겨 멀어졌습니다. 갑자기 친한 친구를 잃고 의지할 사람 없이 타지에서 지내는 것이 너무 힘들고 어려운 상황입니다.

저의 제일 약한 부분이 관계이기에 하나님이 연단시키신다는 생각도 들었습니다. 그런데 아직도 저는 그 친구와 영원히 회복 못 하고 주님만 있어도 괜찮냐고 물으신다면 안 괜찮을 것 같습니다. 오직 주님만 의지한다는 건 뭘까요? 주님 말고 아무도 없는 이 시간을 어떻게 견뎌야 할까요? 목사님은 주님만 있어도 괜찮으신가요? 괜찮으셨나요?

A

저에게 괜찮았는지 물으셨기에 제 얘기로 시작해보려고 합니다. 1983년 1월, 충청도에 있는 후배 목사의 교회에 집회를 갔다가 목행교라는 꽤 높은 다리에서 빙판에 차가 미끄러져 다리 아래로 추락할 뻔했던 사고가 있었습니다. 다행히 차가 조금 부서졌을 뿐, 다리 아래로 떨어지지도 않았고 사람도 다치지 않아서 큰 사고는 모면했습니다.

그런데 그날 제가 숙소로 돌아와서 '만약 오늘 내가 죽었다면 어떻게 되었을까' 생각했더니 마음이 걸리는 일들이 있었습니다. 어머니와 아내, 그리고 세 아들이었습니다. 외아들인 나 하나 키우시면서 나만 바라보고 사셨던 어머니는 이제 어떻게 사시나. 젊은 우리 아내는 아이들 셋 데리고 어떻게 살 건가. 아직 어린 우리 세 아이들, 아비 없이 어떻게 사나. 이런 생각을 하다 보니 마음이 참 무거워졌습니다. 그런 제 마음에 하나님이 이런 말씀을 주셨습니다.

'내가 죽어야 문제지 너 죽는데 뭐가 문제냐? 네가 죽으면 네 어머니 힘들겠지만, 나 믿는 믿음이 있기 때문에 극복할 거야. 네 아내도 나 믿는 믿음으로 잘 이겨낼 거야. 아비 없는 아이들은 다 잘못되니? 네 아이들도 나만 잘 믿으면 얼마든지 잘될 수 있어.'

저는 그 말씀이 믿어졌습니다. 하나님 한 분만 있으면, 하나님 한 분만 잘 믿으면 능히 살 수 있겠다는 믿음의 확신을 그날 갖게 되었습니다.

1991년, 나이 오십이 넘어서 높은뜻숭의교회를 개척할 때였습니다. 큰 학교의 강당을 빌려서 교회를 시작했는데, 당시 그 학교의 이사장님이 꽤 재력 있는 분이었습니다. 그러자 이상한 소문이 돌기 시작했습니다. '김동호 목사가 큰 물주를 잡았다. 백억을 받기로 했다. 후원받기로 했다' 같은 말이었습니다.

큰일은 아니지만, 제가 그때 교회 홈페이지에 글을 하나 써서 올렸습니다. 제목이 "큰 물주와 조물주"였습니다.

"사람들은 제가 큰 물주를 잡았다고 말을 하는데, 사실입니다. 제가 백억을 받았을 것이라는 소문이 있는데, 그보다 훨씬 더 큰 보장을 받았습니다. 그런데 제가 잡은 그 물주의 이름은 '큰 물주'가 아니라 '조물주'이십니다."

하나님 믿고 목회하며 살아야지, 사람을 하나님의 자리에 놓고 그를 의지하며 신뢰하는 것은 하나님이 기뻐하시는 일이 아닙니다. 그렇게 되면 부모도 우상이 될 수 있고, 남편과 아내, 자식도 우상이 될 수 있습니다. 저는 1983년의 차 사고 당시 깨달은 이후로 하나님 한 분이면 충분히 살 수 있다고 믿어왔기에 '나는 큰 물주가 아니라 조물주를 믿는다'라고 꽤 근사한 글을 써서 올릴 수 있었던 것입니다.

사연을 주신 청년에게 하나님이 '나 하나만 있어도 괜찮냐'라고 물으시는 것은 그런 의미의 물음이십니다. '하나님 한 분만으로 충분합니다. 나는 하나님만 믿습니다'라고 하면 부모도 자식도 다 버리고 부부 관계도 다 끊고 친구도 없이 살아야 합니까?

우리가 부모님과 자식, 배우자 혹은 친구와 맺는 관계가 있고, 하나님과 맺는 관계가 있습니다. 우리가 하나님과 맺는 관계는 어느 것으로도 대신할 수 없습니다. 하지만 부모에게 효도하고, 부부간에 서로 사랑하고, 자식을 사랑하고, 좋은 친구를 사귀어 서로 의지하고 살아가는 것 또한 하나님이 원하시는 것입니다. '나만 좋아해야 해. 다른 사람은 다 가까이하면 안 돼' 하시는 하나님이 아니십니다. 하나님의 질투는 그런 질투가 아닙니다.

하나님이 우리에게 십계명을 주셨는데, 제1계명에서 제4계명까지는 하나님에 대한 계명입니다. 제5계명부터 제10계명까지는 사람에 대한 계명입니다. 하나님은 우리에게 '하나님과의 관계는 이렇게 해라. 사람과의 관계는 이렇게 지켜라'라고 하는 두 개의 큰 계명을 주신 것입니다. 그것을 예수님은 이렇게 딱 한 마디로 정의하셨습니다.

"하나님을 사랑하고 네 이웃을 사랑하라"(마 22:37-39 참조).

지금 친구와 사이가 나빠지고 관계가 끊어져서 외로운 것은 하나님이 질투해서 끊으신 것이 아닙니다. 하나님이 '나만 있으면 돼. 친구는 없어도 돼'라고 요청하신 뜻으로 해석하면 안 됩니다. 시간이 얼마나 걸릴지 모르지만, 친구와의 관계가 잘 회복되었으면 좋겠습니다. 또 회복되리라 생각합니다. 그리고 오랜 시간 기다려도 안 되면 또 다른 친구들도 사귀세요. 친구와의 관계가 끊어졌다고 해서 모든 것이 끊어진 것처럼 그렇게 힘들어할 필요는 없습니다. 회복을 위해 내 최선을 다한 후에 안 되면, 또 다른 사람과의 관계도 이어가고 하면서 살아가면 되지 않을까 생각합니다.

그런데 사람에 대한 의존이 너무 깊어져서 사람 없으면 못 사는 것, 부모 없이는 못 사는 것, 아내 없이는 못 사는 것, 자식 없이는 못 사는 것은 하나님이 원하시는 게 아닙니다. 없어도 살 수 있는데, 함께 사는 것이어야 합니다.

결혼하고 어머니와 함께 살았는데, 제가 어머니께 이런 말씀을 드린 적이 있습니다.

"어머니, 혼자 사세요."

그랬더니 어머니는 제가 집을 나가겠다고 하는 줄 아시고 크게 놀라셨습니다. 그런데 그게 아니었습니다.

"하나님 믿는 믿음으로 혼자 사실 수 있어야 저하고 같이 살 수 있어요."

저는 이런 뜻으로 말씀드린 것이었습니다. 이렇게 되면 함께 사는 일이, 부모와 자식 간의 관계가 더 복됩니다. 혼자 살 수 있어야 같이 살 수 있습니다.

저는 부부 관계와 친구 관계도 마찬가지라고 생각합니다. 친구 없어도 살 수 있습니다. 하나님 한 분이 우리에게 계시면 살 수 있지요. 그런데 하나님 한 분이면 충분하다는 그 마음 가지고 아무하고도 관계를 안 맺고 혼자서만 사는 게 아니라, 그 마음 가지고 친구와의 좋은 관계를 넓혀가는 일이 얼마든지 가능하다고 생각합니다. 또 그것이 좋은 일이라고 생각합니다. 그렇게 되면 좋은 친구들도 사귈 수 있지 않을까요.

좋은 대답이 되었는지 모르겠습니다. 친구하고 관계 회복하시길 바랍니다. '친구도 다 사귀지 말고 나만 사귀어라'라고 하시는 하나님이 아니십니다. 하나님은 하나님으로 섬기고, 친구는 친구와의 관계로 이어가며 또 다른 관계 역시 나름대로 성실히 잘 지켜나간다면, 하나님을 사랑하고 사람(이웃)을 사랑하라는 하나님의 계명을 잘 지키며 살 수 있지 않을까 생각합니다. 사랑합니다♡

Q

안녕하세요, 목사님?

제 아이는 투병 중에 있습니다. 긴 질병의 과정에서 저와 아이의 신앙은 좋았다가 나빴다가를 반복합니다. 아이 앞에서는 의연하고 괜찮은 척하지만, 질병에 차도가 없고 가끔 부작용까지 나타나면 낙담하고 실망하며 저의 기도에 응답 없이 침묵하시는 하나님을 원망하기도 합니다. 그러던 중 예정론에 대한 이야기를 듣고 질문이 생겼습니다. 기독교에서 예정론은 하나님이 제가 태어나기 전부터 이미 저를 택하셨다는 거잖아요. 그러면 선택받지 못하고 버려진 사람도 있다는 건데, 혹시 제가 선택받지 못한 사람인 건 아닌가, 그래서 하나님이 제 기도에 응답하지 않으시는 건 아닐까 하는 생각이 들었습니다.

예정론은 진리 안에서 사실인가요? 그렇다면 제가 하나님의 선택을 받은 하나님의 자녀인지 아닌지는 어떻게 알 수 있을까요?

A

굉장히 중요한 질문을 해주셨습니다. 아이가 아프면 참 힘듭니다. 제가 암 판정을 받았을 때, 한편으로 '참 다행이다'란 마음이 들었습니다. 암에 걸렸는데 무엇이 다행인가요? 자식이 아니라 '내가 걸려서 다행이다'라는 생각이 든 것입니다. 그만큼 내가 아픈 게 차라리 낫지, 자식이 아픈 건 정말 힘듭니다. 그래서 믿음이 좋아졌다 나빠졌다 하고 가끔은 하나님을 원망하기도 한다는 말이 충분히 이해가 갑니다. 절대로 부끄러운 일이 아닙니다. 그게 사람입니다. 저도 이해할 뿐만 아니라 하나님도 이해하실 겁니다. 하나님은 '네가 얼마나 힘들면 그러냐. 내가 다 안다'라고 하시지, '네가 나를 의심해? 네가 나를 원망해?'라고 하시지 않으리라 생각합니다.

이렇게 자녀가 아파서 하나님을 원망하는 마음도 생기고 하나님이 기도를 들어주시지 않는 것 같다는 생각이 들 때면 예정론이 굉장히 큰 상처로, 또 의심으로 다가올 수 있습니다. 내가 하나님께 선택받지 못해서, 하나님께 버림받아서 이런 일을 겪는 게 아닌가 싶을 수 있습니다. 그런 뜻에서 이런 질문을 주셨을 것으로 생각합니다.

그런데 절대로 그렇지 않습니다. 제가 암 판정을 받았을 때, 누구나 그런 생각을 하듯, '왜 나지? 하나님, 왜 나예요? 왜 나를 암에 걸리게 하셨어요?'라는 생각을 했습니다. 하지만 제가 '왜 나지?'라는 질문을 하면서 하나님이 저에게 대답해주시기도 전에 제가 저에게 그냥 답을 하고 있었습니다. 답을 알고 있었던 것이지요.

'너는 왜 안 돼?'

암에 걸린 사람은 특별한 사람이 아닙니다. 하나님께 버림받은 사람이 아닙니다. 우리가 죄로 말미암아 타락하고 창조의 질서가 무너진 세상에서 살아가다 보니까 암에 걸리기도 하고, 병에 걸리기도 하고, 사고를 당하기도 하는 것입니다. 랜덤으로 걸리는 겁니다. 하나님이 우리를 선택하지 않아서, 우리를 버려서 그런 일이 생기는 게 아닙니다. 저도 아직 암 투병 중인데, '왜 내가 이런 일을 겪지?'라는 단계는 이제 졸업했습니다. 질문을 주신 성도님도 그런 생각은 하지 마시기를 바랍니다.

그저 이 세상이 죄로 말미암아 질서가 깨어졌기 때문에 나타나는 보편적인 현상에 내 아들이 당한 것이고, 내가 당하는 것이지, 하나님이 나를 골라서 아프게 하고 하나님이 나를 미워하셔서 암에 걸리게 하신 것이 아닙니다.

예정론을 물으셨는데, 이건 참 민감한 문제입니다. 우선적으로 '예정론'은 기독교적인 진리라기보다는 기독교에 대한 신학자와 신앙인들이 가지고 있는 나름의 신학적 논리입니다. 그러니까 맞을 수도 있고 안 맞을 수도 있는 것이지요. 그런데 이것을 어떤 절대적인 성경적 복음처럼 취급하는 일은 도리어 잘못된 일입니다. 똑같이 신앙의 양심을 가지고 하나님을 사랑하고 하나님의 뜻대로 살려고 하는 마음의 진심이 있는데도, 사람에 따라서 하나님 말씀을 이렇게 볼 수도 있고 저렇게 볼 수도 있기 때문입니다.

둘 중에 하나는 맞고 하나는 틀릴 수 있습니다. 그런데 저는 이렇게 생각합니다. 혹여 우리가 틀린 생각을 했다고 할지라도 하나님이 보실 때, '저놈이 판단을 잘못해서 그렇지, 나를 사랑하고 내 뜻대로 살려고 하는 것은 내가 인정한다'라고 하시면 하나님이 크게 꾸짖지 않으실 것이라고 말입니다.

제가 신대원을 졸업할 때 졸업 논문을 '칼빈주의 예정론 비판'으로 썼습니다. 저는 장로교 목사인데, 당시는 장로교에서 예정론을 절대적인 교리로 생각하던 때였습니다. 저는 그 논문을 쓰면 학교를 졸업하지 못할 줄 알았습니다. 하지만 제 양심에 예정론은 완벽한 논리가 아니라고 생각되었기에 거기에 비판하는 글로 논문을 쓴 것입니다. '졸업 안 시키면 하지 말지'라는 마음으로 썼는데, 다행히 학교가 논문을 받아주었습니다.

저는 개인적으로 예정론은 신학적인 판단 착오라고 생각합니다. 하지만 예정론을 주장하게 된 그들의 양심은 틀리지 않았다고 믿습니다. 제가 논문을 쓰면서 깨닫게 된 것인데, 그들의 판단에는 조금 착오가 있었을는지 모르지만, 예정론은 그들이 하나님을 사랑하고 절대적인 하나님의 주권을 인정하려는 마음에서 나온 것입니다. 그렇기에 저도 비판은 했지만, 비난이나 정죄는 하지 않습니다. 그리고 예정론을 비판한 저도 하나님이 구원해주실 것이고, 예정론을 주장한 예정론자들도 당연히 하나님이 구원해주셨으리라 믿습니다.

  신앙의 상식으로 성경 전체를 통해서 볼 때, 하나님이 어떻게 우리를 버리실 수 있겠습니까? 있을 수 없는 일입니다. 제게 아들 셋이 있고 손주 여섯이 있는데, 제가 그중에 누구를 버릴 수 있겠습니까? 어떻게 자식을 포기하겠습니까? 자식을 포기하고 버린다는 건 있을 수 없는 일입니다. 그건 안 됩니다. 그러면 이제 질문이 생깁니다.

  '그런데 왜 지옥 가는 사람이 생겨요? 왜 멸망 받는 사람이 생겨요? 그건 하나님이 버리셨기 때문이 아닌가요?'

  아닙니다. 하나님이 버리신 게 아닙니다. 우리가 하나님을 버렸기 때문에 지옥에 가는 것입니다. 하나님은 우리를 다 선택하십니다. 그런데 다 구원을 얻는 게 아닙니다. 하나님이 우리를 다 선택하셔도 그 선택을 거부하는 사람들이 있습니다.

하나님은 우리에게 그런 자유를 주셨습니다. 하나님을 거부하는 자는 하나님나라에 들어갈 수 없습니다. 그러니까 구원받지 못한 까닭은 하나님이 우리를 버리셨기 때문이 아니라 우리가 하나님을 버렸기 때문입니다.

제가 예정론 비판에서 주장하려고 했던 가장 핵심적인 내용이 이것입니다.

"하나님이 우리를 버리시는 법은 없다. 우리가 하나님을 버렸기 때문에 멸망 받는 것이다."

여인이 어찌 그 젖 먹는 자식을 잊겠으며 자기 태에서 난 아들을 긍휼히 여기지 않겠느냐 그들은 혹시 잊을지라도 나는 너를 잊지 아니할 것이라 사 49:15

전 이 말씀이 질문에 대한 답이라고 생각합니다. 이게 하나님의 마음입니다. 질문해주신 분께 하나님이 이런 대답을 주실 것 같습니다.

'불안해하지 말아라. 나는 절대로 너를 버리지 않는다.'

'내가 붙잡았는데도 하나님이 나를 버리시면 어쩌나' 하는 걱정은 있을 수 없는 걱정입니다. 정말 쓸데없는 걱정입니다. 우리만 하나님을 잘 붙잡고 있으면 됩니다. 하나님은 우리를 놓지 않으십니다.

하나님이 나를 버리셨다는 건 사탄의 속임수입니다. 하나님이 '어찌 내가 너를 잊겠느냐. 사람은 잊을 수 있어도 나는 너를 잊지 않는다'라고 말씀하시는 음성을 듣고 절대로 흔들리지 말고 잘 이겨낼 수 있기를 바랍니다. 사랑합니다♡

하나님과 인격적으로 만난다는 게 정확히 어떤 건가요?

Q

안녕하세요, 목사님?

신앙생활을 하다 보면 하나님을 인격적으로 만나야 한다는 말을 매우 많이 듣습니다. 그런데 그 말을 들을 때마다 저는 뭔가 시원치 않습니다. 하나님을 인격적으로 만난다는 게 정확히 무얼 말하는 것인지 잘 모르겠습니다.

사람과 사람이 만나듯이 하나님을 만나야 한다는 뜻인가요? 그렇다면 그것에 대한 확신은 어떻게 가질 수 있나요? 내가 하나님과 인격적으로 만났다는 것을 어떻게 증명할 수 있나요? 가끔 '하나님은 왜 저를 만나주지 않으시나요?'라고 답답함을 토로하는 사람들이 있는데, 저도 같은 답답함을 느끼곤 합니다. 하나님과 인격적으로 만난다는 건 무엇이고, 또 어떻게 해야 하나님과의 인격적인 만남을 가질 수 있나요?

A

하나님을 인격적으로 만난다는 게 뭘까요? 제가 아내와 결혼한 지 사십오년이 넘었는데, 결혼을 하기 위해 꼭 필요한 것이 있습니다. 그것은 '만남'입니다. 오며 가며 얼굴 마주치는 그런 만남이 아니라 마음이 딱 부딪히는 만남 말입니다.

제가 아내와 결혼해야겠다고 생각했던 순간을 떠올려보면 '말이 통한다'라는 느낌이 있었습니다. 저는 말이 통하는 것을 굉장히 중요하게 생각해서 결혼을 놓고 기도할 때 늘 '하나님, 말이 통하는 여자와 결혼하게 해주세요'라고 기도하곤 했습니다.

말이 통한다는 것은 생각이 통한다는 것인데, 생각은 그 사람의 사상이고 철학이며 그 사람 자체입니다. 그것이 인격이지요. 즉, 서로 말이 통했기에 저와 아내의 인격적인 만남이 이루어진 것입니다. 저는 하나님과의 만남도 그런 만남이라고 생각합니다.

하나님과의 만남을 말할 때, 꿈에서 보았다든가 환상으로 보았다는 분들도 있습니다. 그런 만남도 있을 수 있지요. 하지만 저는 그런 만남을 경험해본 적은 없습니다. 다만 다른 신앙적인 문제와 마찬가지로 '어떻게 하나님을 만났다고 얘기할 수 있는가?'라고 할 때도 '말씀'으로 풉니다. 하나님의 말씀이 우리에게 있습니다. 그리고 말씀이 곧 하나님이십니다.

말씀이 하나님의 생각이고, 하나님의 사랑이고, 하나님의 인격입니다. 그러니 하나님과 인격적으로 만난다는 것은 하나님의 말씀과 만난다는 것입니다.

하나님과의 만남, 다시 말해 하나님의 말씀과의 만남이 쉽지는 않습니다. 왜냐하면 하나님의 생각은 우리의 생각과 너무 다르기 때문입니다. 수준이 너무 다르기 때문입니다. 그래서 이해가 잘 안 될 때도 있고, 납득이 안 될 때도 있었습니다. 그럼에도 '하나님을 믿기로 했으니, 말씀대로 한번 해보자'라고 생각하며 말씀대로 따라 살았습니다. 좁은 길이고 십자가를 지는 길이지만, 그 길로 가보자 해서 가봤더니 말씀의 결과가 있었습니다. 말씀의 열매들을 보면서 '말씀이 진리'라는 것을 확인하게 되었고, '그 말씀을 주신 분이 하나님이 맞구나' 하며 하나님을 받아들이게 된 것입니다.

그렇게 하나님의 말씀을 믿고 말씀대로 살아보려고 애쓰며 살다가 말씀의 열매를 얻었을 때, 믿음은 보이지 않는 것이지만 "믿음은 바라는 것들의 실상이요 보지 못하는 것들의 증거라"라고 하신 그 근거를 얻었을 때, 하나님을 눈으로 본 것 이상으로 믿게 되고 인정하게 되었으며 하나님과의 확고한 만남이 이루어졌습니다.

저는 나이 오십이 되었을 때, 꼭 금세 죽을 것 같은 기분이

들었습니다. 그래서 미리 유언을 준비했습니다. 성경의 모든 말씀이 다 귀하지만 '이 말씀만큼은 아이들에게 유언으로 남기고 싶다'라고 할 만한 말씀을 기도하며 골랐습니다. 그 말씀이 요한복음 14장 6절입니다.

예수께서 이르시되 내가 곧 길이요 진리요 생명이니 나로 말미암지 않고는 아버지께로 올 자가 없느니라 **요 14:6**

그리고 아직 어렸던 아이들을 불러서 이 말씀을 전해주었습니다.

"아버지가 언제 죽을지는 모르지만 미리 유언하고 싶다. 이 말씀이 내가 너희에게 주고 싶은 유언의 말씀이다. 예수님이 길이 맞아. 예수님이 생명이 맞아. 예수님이 진리가 맞아."

그러자 우리 큰아이와 셋째 아이는 아버지의 말씀을 잘 받아주었는데, 둘째가 이렇게 물었습니다.

"어떻게 알아요?"

그래서 제가 대답했습니다.

"아빠가 가봤어. 아빠가 가보지 않았니?"

그러자 둘째 아이가 고맙게도 그 대답을 인정해주었습니다. "맞아, 우리 아빠가 가봤네"라고 하면서 말입니다.

예수님의 길은 알고 가는 길이 아니라 믿고 가는 길입니다.

우리 질문해주신 성도님도 말씀을 들으며 그 말씀대로 살아보려고 노력하고 계시는데, 이것이 중요한 것입니다. 쉽지는 않습니다. 하지만 애를 쓰다 보면, 말씀이 진리이기 때문에 그 결과가 증거와 실상으로 나타나게 됩니다.

"예수 예수 믿는 것은 받은 증거 많도다 예수 예수 귀한 예수 믿음 더욱 주소서"라는 가사의 찬송이 있습니다. 이 가사처럼 예수를 믿다 보니 받은 증거가 많습니다. 그러면서 하나님께 다른 복이 아니라 믿음을 더욱 구합니다. 그렇게 하나님과의 만남이 이루어지는 것입니다.

정리하자면, 하나님의 말씀을 믿는 믿음으로 말씀대로 살아보려고 애쓰는 노력 가운데 말씀의 증거가 나타나고, 말씀의 증거를 눈으로 볼 때 말씀의 증거와 만나게 되며, 말씀의 증거를 만남으로써 말씀의 주인이신 하나님과 만나는 것이 하나님과의 인격적인 만남이라고 저는 생각했습니다.

사람의 인격도 말에 있지요. 말하는 것을 보면 사람을 알 수 있습니다. 그래서 저는 말을 거칠게 하고 빈정거리고 욕하는 것을 제일 싫어합니다. 말속에 그 사람의 인격이 있습니다. 그러니 인격적으로 만나려고 한다면, 말을 해보면 압니다. 하나님의 인격도 말씀 속에 있습니다. 그래서 우리가 날마다 말씀을 보면서 깨닫고, 말씀대로 살아보면서 맺어지는 증거를 통해 하나님과의 인격적인 만남이 이루어지는 것입니다.

저는 아직 하나님을 제 눈으로 본 적은 없습니다. 그리고 눈으로 보고 싶은 마음도 사실은 없습니다. 이제 조금 있으면 천국에서 하나님을 뵐 텐데요. 그럼에도 불구하고, 저는 하나님을 만났고, 그 만남이 제 인생에 있어서 가장 중요한 만남입니다. 특히 제가 가장 힘들고 어려울 때 '날마다 기막힌 새벽'이라는 고백을 할 만큼 날마다 기막힌 말씀을 만났습니다. 그래서 저는 하나님을 만났다고 간증할 수 있습니다.

저의 간증이 도움이 되었기를 바랍니다. 말씀을 통해 말씀의 본체이신 하나님과 인격적으로 만나는 귀한 경험이 있기를 바랍니다. 사랑합니다♡

Q

안녕하세요, 목사님?

기도에 대한 응답과 죽음 이후의 삶에 대해 궁금한 것이 있습니다. 최근에 저희 엄마가 갑자기 저희 곁을 떠나셨습니다. 엄마가 병원에 계실 때 저희 가족은 두려움을 부여잡고 온 힘을 다해 기도했습니다. 제 평생에 가장 간절히 한 기도였습니다. 주변에서도 기도를 많이 해주셨습니다. 그런데도 엄마는 병원에 가신 지 열흘 만에 돌아가셨습니다.

너무 가슴이 아프고 허망하고 허무했습니다. 길거리에 무릎 꿇고 머리 숙인 나병 환자와 같은 심정으로 기도했는데, 주님이 저희를 모른 척 지나치신 것 같았습니다. 버림받은 것 같은 심정이 들었습니다. 왜 하나님은 저희 기도를 들어주지 않으셨을까요? 하나님이 원망스럽기만 합니다. 엄마가 돌아가신 후에도 버림받은 기분이 사라지지 않아서 어떻게 해야 할지 모르겠습니다.

엄마가 돌아가신 것에 대한 슬픔과 우리의 기도를 들어주지 않으신 하나님에 대한 원망, 그 원망에 대한 죄책감과 저의 원망이 엄마의 천국에서의 삶에 영향을 주지 않을까 하는 막연한 두려움까지 뒤섞여서 너무 혼란스럽습니다. 그리고 저는 죽음 이후의 삶에 대해 천국과 지옥 정도만 알고 있는데, 조금 더 자세히 알고 싶습니다. 엄마가 천국에서 어떻게 지내고 계신지 알고 싶어요.

사랑하는 어머니를 갑자기 떠나보내고 마음이 아픈 것은 너무나 당연한 일입니다. 제가 무슨 말로 위로를 전할 수 있을까요. 간절히 기도했는데 왜 하나님은 기도를 들어주시지 않았을까 버림받은 것 같은 심정에 하나님을 원망하는 마음이 있으면서도 그 원망에 대한 죄책감으로 괴로워하고 있는데, 저는 하나님이 그렇게 옹졸한 분이라고 생각하지 않습니다.

지금 너무 큰 슬픔과 섭섭한 마음에 '하나님 왜 그러셨어요?'라고 원망할지라도 하나님은 그 원망을 그냥 받아주실 분이지, '어떻게 네가 나를 원망할 수 있어?'라고 하시며 책망하실 분이 아니십니다. 그러니 당연히 자녀의 원망으로 천국에 계신 어머니에게 불이익을 주실 일도 절대로 없지요. 하나님은 그런 분이 아니시니까요.

그런데 왜 하나님은 간절히 기도했는데 들어주지 않으셨을
까요? 삶과 죽음은 전적인 하나님의 주권입니다. 내가 살고
싶다고 더 살 수 있는 것도 아니고, 내가 죽고 싶다고 죽을 수
있는 것도 아닙니다. 그래서 스스로 죽음을 선택하는 것은 죄
입니다. 그것은 내 주권이 아니기 때문입니다.

생명의 주권은 전적으로 하나님께 있습니다. 이것이 굉장히
중요합니다. 삶과 죽음은 전적으로 하나님의 손에 맡기는 것
이 옳습니다. 때로 '더 살아야 하는데 왜 데려가셨어요?'라고
얘기할 수 있을 것 같지만, 그것은 하나님의 판단에 달린 것이
라고 생각합니다. 요한복음 14장에 이런 말씀이 있습니다.

너희는 마음에 근심하지 말라 하나님을 믿으니 또 나를 믿으라 내
아버지 집에 거할 곳이 많도다 그렇지 않으면 너희에게 일렀으리
라 내가 너희를 위하여 거처를 예비하러 가노니 가서 너희를 위하
여 거처를 예비하면 내가 다시 와서 너희를 내게로 영접하여 나 있
는 곳에 너희도 있게 하리라 요 14:1-3

예수님이 '근심하지 말라, 나를 믿으라'라고 하시면서 뭐라
고 하셨나요? "내가 너희를 위하여 거처를 예비하러 가노니"

라고 하십니다. 이 세상은 죄로 말미암아 망가졌습니다. 슬픔과 고통과 아픔이 가득한 곳입니다. 그런 이 세상은 우리가 영원히 살 곳이 아니기 때문에 예수님이 우리를 위해 새 하늘과 새 땅을 예비하러 가신다는 것입니다. 그리고 거처를 예비하면 예수님은 우리를 데리고 가실 것입니다.

이 말씀에 따르면, 그 때와 시기는 우리가 알지 못하지만, 하나님께서 사랑하는 어머니의 거처를 다 완성하셨기 때문에 '이제 슬픔과 괴로움과 고난 있는 세상살이를 끝내고 이곳에서 나와 함께 살자'라고 하시며 데려가셨다는 뜻입니다.

예수님이 이 말씀을 하실 때 도마라는 제자가 "(우리가) 그 길을 어찌 알겠사옵나이까"라고 물었습니다. 그때 예수님이 우리가 잘 아는 이 말씀을 해주셨습니다.

예수께서 이르시되 내가 곧 길이요 진리요 생명이니 나로 말미암지 않고는 아버지께로 올 자가 없느니라 **요 14:6**

즉, 우리가 예수님 안에 있으면 우리는 주님이 예비하신 하나님나라의 처소로 틀림없이 가게 된다는 뜻입니다. 돌아가신 어머니는 생전에 예수님을 믿고 신앙생활을 열심히 하셨으니, 길 안에 계셨다는 뜻입니다. 그렇다면 갑작스럽게 떠나셨든 천천히 떠나셨든, 조금 빨리 가셨느냐 늦게 가셨느냐의 차

이는 있겠지만 중요한 것은 하나님나라에 가신 것이 틀림없다
는 것입니다.

그리고 어머니가 계신 하나님나라는 어떤 곳인지를 물으셨
는데, 요한계시록 21장 1-8절 말씀으로 그 질문에 대한 답을
드리려고 합니다.

또 내가 새 하늘과 새 땅을 보니 처음 하늘과 처음 땅이 없어졌고
바다도 다시 있지 않더라 또 내가 보매 거룩한 성 새 예루살렘이
하나님께로부터 하늘에서 내려오니 그 준비한 것이 신부가 남편
을 위하여 단장한 것 같더라 내가 들으니 보좌에서 큰 음성이 나서
이르되 보라 하나님의 장막이 사람들과 함께 있으매 하나님이 그
들과 함께 계시리니 그들은 하나님의 백성이 되고 하나님은 친히
그들과 함께 계셔서 모든 눈물을 그 눈에서 닦아 주시니 다시는 사
망이 없고 애통하는 것이나 곡하는 것이나 아픈 것이 다시 있지 아
니하리니 처음 것들이 다 지나갔음이라라 보좌에 앉으신 이가 이
르시되 보라 내가 만물을 새롭게 하노라 하시고 또 이르시되 이 말
은 신실하고 참되니 기록하라 하시고 또 내게 말씀하시되 이루었
도다 나는 알파와 오메가요 처음과 마지막이라 내가 생명수 샘물
을 목마른 자에게 값없이 주리니 이기는 자는 이것들을 상속으로
받으리라 나는 그의 하나님이 되고 그는 내 아들이 되리라 그러

나 두려워하는 자들과 믿지 아니하는 자들과 흉악한 자들과 살인자들과 음행하는 자들과 점술가들과 우상 숭배자들과 거짓말하는 모든 자들은 불과 유황으로 타는 못에 던져지리니 이것이 둘째 사망이라 계 21:1-8

하나님이 요한에게 많은 것을 계시로 보여주셨는데, 그중 새 하늘과 새 땅의 계시에 대한 기록입니다. 그곳은 슬픔도 없고, 죽음도 없고, 아픔도 없으며, 하나님과 영원히 사는 곳입니다. 그러면서 이 한마디로 그곳이 얼마나 좋은 곳인지를 표현합니다.

"신부가 남편을 위하여 단장한 것 같더라."

예수님이 신부가 되셔서 단장하신 것처럼 준비하셨다고 하니, 얼마나 아름답고 완벽한 곳이겠습니까?

어머니가 곁을 떠나신 것은 섭섭한 일입니다. 누가 뭐래도 인간의 육정이 끊어지는 것보다 힘든 일이 없지요. 그런데 헤어진 어머니가 어디로 가셨느냐가 더 중요합니다. 어머니가 이곳보다 더 좋은 곳에 가셨다면, 그리고 그것을 위해 하나님이 우리의 죄를 사해주시고 십자가를 져주시고 길을 가르쳐주셔서 어머니를 천국으로 이끌어주셨다면, 원망할 일이 아니라 감사할 일입니다. 그것을 믿는 믿음으로 원망과 섭섭함을 이겨내실 수 있게 되리라 믿습니다.

한 가지만 더 말씀드리고 싶습니다. 기독교는 부활의 종교입니다. 우리도 언젠가는 죽지요. 생각해보면 이 땅에서의 삶이 그다지 길지 않습니다. 우리도 계속 이 길에 있으면, 어머니와 같은 곳에 가게 될 것입니다.

잠시 헤어지는 것이지, 영원히 헤어지는 것이 아닙니다. 그래서 하나님을 믿는 사람들은 죽음의 슬픔까지도 부활의 신앙으로 이겨낼 수 있는 것입니다. 조금 있으면 그곳에서 다시 만나 영원히 살 테니 말입니다.

오래전에 제가 목회할 때 교회의 권사님 한 분이 세상을 떠나셨습니다. 그때 미국에 살던 아들, 딸, 사위가 들어왔는데 어린 손주가 있었습니다. 한 여섯 살쯤 되었던 어린 손자는 자기 엄마가 너무 슬퍼하니까 기가 막힌 이야기를 했습니다.

"엄마, 할머니는 죽은 게 아니라 하나님나라로 이민 간 거잖아. 우리가 미국에 이민 갔을 때도 한국에 계신 할머니를 못 봤잖아. 그거랑 똑같아. 이다음에 다시 만나면 되는데, 엄마 왜 그렇게 울어?"

여섯 살짜리 아이의 말에 권사님의 자녀들이 큰 위로를 받았습니다. 그게 사실이니까요. 어머니는 죽음으로 영영 헤어진 것이 아니라 하나님나라로 이민 가신 것입니다. 그곳은 우리도 가야 할 땅입니다. 어머니는 그곳에, 우리는 이곳에 잠시 헤어져서 사는 것일 뿐, 죽음은 영원한 이별이 아닙니다. 이것이 기독교 신앙의 핵심이지요.

이 기독교 신앙을 굳건히 함으로써 지금 이겨내기 힘든 그 섭섭함, 아픔, 슬픔, 그리고 하나님에 대한 원망의 마음까지도 잘 이겨내는 은혜가 있기를 바랍니다. 사랑합니다♡

22 죄를 지어도 죄책감이 느껴지지 않을 땐
어떻게 해야 해요?

Q

안녕하세요, 목사님?

전 모태신앙으로 평범하게 신앙생활하고 있는 학생입니다. 지금껏 크고 작은 신앙의 고민들은 있었지만, 그래도 제가 예수님을 믿고 하나님이 저를 붙잡아주신다는 사실은 의심하지 않았습니다.

그런데 최근에, 제가 생각하기에 큰 죄를 지었는데 죄책감이 느껴지지 않는 저를 보고 스스로 큰 충격에 빠졌습니다. 심지어 왜 죄를 지으면 안 되는지, 하나님을 정말 믿어야 하는지 혼란스러워지기 시작했습니다. 그러다 보니 십자가의 죄 사함의 은혜가 더 이상 은혜로 다가오지 않습니다.

뭔가 잘못됐다는 걸 느끼고 돌이켜보려고도 했지만, 무엇을 어떻게 해야 할지 모르겠습니다. 제가 어떻게 기도하고 돌이켜야 할까요?

A

아직 학생이라고 했는데, 굉장히 지혜로운 친구인 것 같습니다. 환자가 이상 증세를 느끼면 병원에 가서 의사의 진단을 받고 치료하려는 것처럼 자신의 상태가 이상하다는 것을 느껴서 목사인 저에게 진단을 의뢰한다는 것은 굉장히 지혜로운 일입니다.

알고 계시겠지만, 저는 아직 암 환자입니다. 암이 세 개나 있습니다. 그런데 암은 아주 치명적이고 위험한 병임에도 불구하고 자각증세가 없습니다. 처음엔 아프지 않습니다. 감기에 걸려서 고열이 나고 기침을 하면, 빨리 약을 먹든지 병원에 가서 치료를 받지 않습니까? 감기는 암에 비하면 그렇게 위험한 병이 아닌데도 증상이 나타나니까 치료를 받게 됩니다. 그런데 암은 자각증세가 없으니, 불편함도 없습니다. 그래서 병이 한참 진행된 후, 말기에 발견되는 경우가 참 많습니다.

죄는 암과 같은 것입니다. 죄의 삯은 사망이라고 했으니 말입니다. 죄가 왜 무서운 줄 아십니까? 죄가 아프지 않기 때문입니다. 질문을 보내준 학생만 죄에 대한 자각 증세가 둔한 게 아니라 우리 모두가 다 그렇습니다. 그래서 위험한 것입니다.

저는 사탄이 죄에 대한 민감성을 둔화시키도록 마취제를 쓴다고 생각했습니다. 우리가 마취제를 맞아서 안 아픈 것입니다. 제가 폐암 수술도 하고 갑상선 수술도 했는데, 수술 후에 굉장히 아플 것이라 생각했었습니다. 그런데 마취 때문에 수술받을 때도 아픔을 몰랐고, 수술 후에도 진통제 때문에 예상보다 견딜 만했습니다. 사탄이 그런 강력한 진통제와 마취제를 쓴다고 생각합니다. 그래서 죄는 죽을 만큼 아파야 하는데 아프지 않은 겁니다.

이건 매우 위험한 일입니다. 죄에 둔감해지면 치료 시기를 놓치기 때문입니다. 그러다 나중에는 치료 불가 상태에 이르게 됩니다. 우리 학생이 요즘 죄에 둔감해지면서 십자가의 속죄의 은혜를 느끼지 못한다고 했는데, 이것은 공식입니다. 죄가 아파야 십자가를 붙들게 되어 있습니다. 병에 걸렸으면 증세가 심하게 느껴져야 병원에 갈 텐데, 암에 걸렸는데도 아프지도 않고 아무런 증상이 없으니까 병원에 가지 않는 것입니다. 그 사이 더 악화되고, 아프지 않아서 모르고 지나는 사이에 죽을 병에까지 이르게 됩니다. 죄가 바로 그와 같은 것입니다.

사탄은 '괜찮아. 너만 그런 것도 아니고, 다들 그러는데 뭐가 문제야? 너는 그래도 좀 낫지 않아? 죄 안 짓고 어떻게 살아'라는 식으로 우리에게 자꾸 마취제를 씁니다. 저는 그래서 우리 사연을 주신 분이 마취 상태라고 얘기해주고 싶습니다.

성 프랜시스가 제자들과 함께 생활했는데, 어느 날 프랜시스가 보이지 않았다고 합니다. 제자들이 그를 찾기 시작했고, 어느 동굴에 들어가 하루 종일 기도하고 계신 것을 발견했습니다. 선생님을 부르려는데, 한 제자가 말렸습니다.

'우리 선생님은 나중에 부르고 선생님이 도대체 뭐라고 기도하시는지 들어보자.'

기도를 배우고 싶었던 것입니다. 그런데 그때 프랜시스는 하루 종일 한 가지 기도만 했다고 합니다.

"하나님, 제가 얼마나 죄인인지를 깨닫게 해주세요. 제가 하나님 앞에 얼마나 죄인인지 깨닫게 해주세요."

성자라고 불릴 만큼 훌륭한 신자였던 그가 왜 그렇게 간절히 기도했을까요? 죄가 느껴지지 않아서 아니겠습니까? 죄가 느껴지지 않는 것이 너무나 두려워서 '하나님, 제가 얼마나 죄인인지 깨닫게 해주세요. 죄가 얼마나 무서운 것인지 제가 느끼게 해주세요'라고 기도했던 것입니다.

저는 암에 걸리기 전에 '암은 자각증세가 없어서 위험하다'라는 얘기를 하면서 하나님께 이렇게 기도했던 적이 있습니다.

'하나님, 암에 안 걸렸으면 좋겠습니다. 그런데 만약 제가 걸린다면 아프게 해주세요. 그래서 빨리 발견하게 해주세요.'

저는 그 기도 덕분에 산 것 같습니다. 기도한 대로 세 개의 암을 다 조기에 발견하여 조기 진화를 할 수 있었습니다.

죄가 아프면 하나님과 가까워지고, 죄가 아프지 않으면 하나님으로부터 멀어집니다. 내가 죄인이라고 느끼지 못하는데 뭐 하러 십자가를 붙들겠습니까? 붙들 이유가 없지 않습니까? 우리 질문을 주신 분은 '이건 아주 위험한 상태다'라는 걸 본능적으로 알고 저에게 진단을 요청하셨습니다. 참 잘하셨습니다. '아주 위험한 상태'라고 말씀드리고 싶습니다. 그러니 하나님께 프랜시스의 기도를 하면 좋겠습니다.

'하나님 두렵습니다. 죄를 짓고도 두렵지 않고 무섭지 않은 심각한 상태입니다. 하나님, 죄를 지으면 불편하게 해주세요. 아프게 해주세요.'

이 기도를 통해서 영적인 민감성을 회복하고 또 하나님 앞에 더 가까이 나아가길 바랍니다. 죄가 아프지 않은 것을 두려워하고 아파하는 마음을 가질 수 있기를 바라고, 하나님께 기도로 나아가 사탄의 마취에서 풀려나 건강한 신앙생활을 하게 되길 바랍니다. 사랑합니다♡

PART
4

신앙생활,
꼭 이렇게
해야 하나요?

23 좋은 교회, 어떻게 알아볼 수 있을까요?

안녕하세요, 목사님?

저는 예전 교회에서 상처를 받고 교회를 떠난 후 인터넷으로 여러 목사님의 설교를 들으며 개인적인 예배만 드리곤 하는 가나안 성도입니다. 하지만 용기를 내어 다시 교회생활을 하려고 합니다. 그런데 어느 교회를 가야 할지 모르겠습니다. 교회에 대한 불신도 커져서 또다시 교회에서 상처를 입거나 실망하게 되면 신앙생활마저 흔들릴 것 같아 불안합니다. 저에게 맞는, 저에게 좋은 교회를 찾으려면 어떻게 해야 하나요?

우선 말씀드리고 싶은 것은, 좋은 교회가 있다는 믿음을 가져야 한다는 것입니다. 큰 상처를 받고 교회를 떠난 만큼 자칫

156

잘못하면 교회 전체에 대한 불신이 뿌리 깊이 내릴 수도 있습니다. 그렇기에 좋은 교회를 찾는다는 것이 쉽지는 않겠지만 '좋은 교회는 반드시 있다'라는 마음을 가져야 합니다.

또 '좋은 교회를 찾고야 말겠다'라는 의지를 강하게 가져야 합니다. 좋은 진주를 구하러 다니는 상인처럼, 목마른 사슴이 시냇물을 찾는 것처럼 그렇게 찾고 또 찾아야 합니다. 좋은 교회는 그렇게 찾을 만한 가치가 있기 때문입니다.

좋은 교회는 쉽게 만나지지 않습니다. 그러니 만날 때까지 '내가 찾을 거야'라는 각오로 좋은 교회를 찾게 해달라고 기도하길 바랍니다. 다른 기도도 아닌 교회 기도인데, 하나님이 들어주시지 않겠습니까? 그래서 '좋은 교회를 찾아라. 믿음을 가져라'라는 말씀을 드리고 싶습니다.

그렇다면 어떤 교회가 좋은 교회일까요? 2001년에 저는 나이 오십이 넘어서 교회를 개척하게 되었습니다. 교회 개척을 준비하면서 저는 '좋은 교회를 해야겠다'라고 생각했습니다. 왜냐하면 제가 좋은 교회를 다녔기 때문입니다. 좋은 교회를 만났더니, 제 인생 전체가 바뀌었습니다.

제 삶의 모든 축복의 뿌리이자 근원 샘은 교회입니다. 저는 교회에서 좋은 목사님과 좋은 장로님, 좋은 선생님과 믿음의 어른들, 또 좋은 친구들을 만났습니다. 저는 좋은 교회에 대한 빛이 너무 많았습니다. 그래서 '내가 좋은 교회를 만나서 복을 받은 것처럼 우리 교회의 성도들도 이런 복을 받았으면 좋겠다'라는 마음을 갖기 시작했습니다. 그런데 많이 어려웠습니다. '좋은 교회'라는 단순한 말이 그렇게 어려웠습니다.

좋은 교회란 뭘까? 어떻게 해야 할까? 이것에 대한 고민이 심각해서 기도도 많이 하고 생각도 많이 했습니다. 그때 하나님께서 풀어주신 말씀이 마태복음 16장이었습니다.

> 또 내가 네게 이르노니 너는 베드로라 내가 이 반석 위에 내 교회를 세우리니 음부의 권세가 이기지 못하리라 **마 16:18**

좋은 교회는 예수님이 세우시는 교회라는 것입니다.

"내가 이 반석 위에 내 교회를 세우리니."

예수님이 세우시겠다는 것입니다. 꼭 저한테 이렇게 말씀하시는 것 같았습니다.

'내 교회는 내가 세운다. 네가 왜 그렇게 고민하냐?'

그때, 평범하지만 중요한 걸 깨달았습니다. 좋은 교회는 사람이 세운 교회가 아니라 예수님이 친히 세우신 교회라는 것을 말입니다. 그렇다면 개척하려고 하는 목사는 뭘 해야 하는가? 바로 신앙 고백을 준비해야 합니다.

시몬 베드로가 대답하여 이르되 주는 그리스도시요 살아 계신 하나님의 아들이시니이다 마 16:16

저는 '신앙 고백만 잘하고 그것을 반석처럼 깔아 놓으면, 교회는 예수님이 세우시고 그 교회는 좋은 교회가 된다'라고 하는 방정식을 풀었습니다. 그리고 신앙 고백을 '하나님이 주인이 되시는 교회'로 재해석했습니다.

그래서 제가 개척한 높은뜻숭의교회의 목회 철학은 하나밖에 없었습니다. '하나님이 주인이 되시는 교회.' 그리고 하나님이 주인 되신 교회가 되게 하려고 우리가 세운 전략은, 사람은 주인 노릇 못 하는 교회였습니다. 사람이 주인 노릇 못 하도록 이런저런 제도를 만들고 안전장치를 만들었습니다.

우리 성도님도 사람이 주인 노릇 하지 않고 하나님만 주인 되시게 하려는 정신이 있는 교회를 찾는다면, 그 교회가 좋은 교회가 아닐까 생각합니다.

또 하나, 교회는 예배드리는 곳입니다. 그래서 저는 교회를 개척하고 이 년 동안은 어떤 조직도 안 만들고 예배만 드렸습니다. 예배 하나에 목숨 거는 교회가 되었습니다. 좋은 교회는 예배에 은혜가 있는 교회라고 생각했기 때문입니다. 교회의 제일 중요한 목적은 하나님께 예배하는 것입니다. 그러니

기도하면서 예배에 은혜가 있는 교회를 찾으면 되지 않을까 싶습니다.

마지막으로 하나만 더 말씀드리고 싶습니다. 우리 속담에 "자라 보고 놀란 가슴 솥뚜껑 보고 놀란다"라는 말이 있습니다. 여간해서는 가나안 성도가 되지 않았을 것입니다. 참아보고, 견뎌보다가 정 못 견뎌서 교회를 떠났을 것입니다. 그렇기 때문에 교회에 대한 불신이 생각보다 클 것입니다. 그래서 조금만 상처받아도 그냥 넘어갈 수 있는 문제마저 그냥 못 넘어갈 수 있습니다.

아무리 좋은 교회를 만난다고 해도 이런저런 작은 일에 부딪히면서 또 불신이 튀어나와서 괜찮은 교회임에도 못 참고 뛰어나올 수 있습니다. 그리고 그것이 습관화가 된다면, 걱정하시는 것처럼 교회생활은 고사하고 신앙생활까지 흔들릴 가능성이 있습니다. 그래서 깊이 생각하고 좀 참고 견디는 부분도 필요합니다.

좋은 교회는 수동적으로 나한테 찾아오는 게 아니라, 적극적으로 내가 찾아가는 것입니다. 그리고 만들어가는 것입니다. 그러니 '좋은 교회는 내가 하나님과 씨름해서 내가 찾고 만들어 갈 거야'라는 생각을 가지고, 강한 마음으로 열심히 기도하고 찾으면, 반드시 하나님이 들어주실 겁니다.

제가 평생에 누린 가장 귀한 복이 좋은 교회에서 신앙생활을 한 것이었듯이, 우리 귀한 성도님도 좋은 교회를 찾아서 부디 그러한 복을 누리게 되길 간절히 바랍니다. 사랑합니다 ♡

24 무리한 교회 봉사, 어떻게 해야 하나요?

안녕하세요, 목사님?

저는 교회 일과 가정 사이에 밸런스가 있어야 한다고 생각하는데, 남편은 할 수만 있으면 최대한 교회 일을 하려고 합니다. 그래서 자꾸 충돌이 벌어집니다. 남편과 이런 일로 언쟁을 하고 나면 제 마음도 불편하고 하나님께도 죄송합니다. 이 문제를 어떻게 풀면 좋을까요?

A

작은 문제 같지만, 사실 우리에게 아주 보편적인 문제이자 중요한 문제입니다. 원칙적인 얘기를 하자면, 저는 남편보다 질문을 주신 아내 분 편입니다. 모든 일에는 절제가 필요하고 균형, 즉 밸런스가 굉장히 중요합니다.

누구에게나 주사역이 있고 보조 사역이 있습니다. 하나님이 우리에게 맡겨주신 주된 사역이 있고 또 그것을 보조할 수 있는 사역이 있는데, 본질적인 것과 조금 지엽적인 일의 밸런스를 맞추지 못하면, 결국 일의 균형이 깨지게 됩니다.

우리 한국 교회는 교인들에게 봉사를 많이 요구합니다. 봉사를 하나님에 대한 충성과 신앙의 척도로 여기는 측면이 많지요. 교회 봉사를 하는 것은 물론 중요합니다. 하지만 봉사는 봉사만큼 해야지, 자기 직업처럼 하면 안 됩니다. 사실은 직업이 하나님이 우리에게 맡겨주신 주사역입니다.

많은 사람이 '자기의 직업은 밥 벌어 먹고사는 세속적인 일이고, 교회 일은 하나님의 일'이라고 하는 이원론적인 사고방식을 가졌습니다. 그래서 간혹 믿음이 좋은 분들 중, 교회 봉사를 자기 직업적인 일과 가정을 돌보는 일보다 더 우선시해야 한다고 잘못 생각하는 경우가 참 많죠. 근데 그렇지 않습니다. 봉사는 봉사만큼 하는 게 적절하고, 지나치면 절제가 필요합니다. 그래서 원칙적으로 저는 사연 주신 아내 분 편입니다.

그런데 조금 더 생각해 볼 필요가 있습니다. 이 문제로 오랜 기간 부딪히고 있다고 하셨는데, 그러면 서로 마음이 불편하겠지요. 언쟁을 통해서는 문제가 좀처럼 해결되지 않습니다. 저도 해봐서 압니다.

공적인 문제나 사회적인 문제들은 언쟁과 토론이 필요합니다. 저는 교회도 마찬가지라고 생각합니다. 제가 시무했던 교회의 당회는 굉장히 치열했습니다. 몇 시간씩 하기도 했고, 언쟁하거나 목소리를 높이는 일들도 많았습니다. 저는 그것이 건강한 교회라고 생각했습니다.

'목사님이 말씀하시면 다 순종하겠습니다'라고 하면서 모든 일이 일사천리로 가는 것이 좋은 교회인 것 같지만, 꼭 그렇지만은 않습니다. 그러면 당회를 왜 하겠습니까? 서로 자기 의견이 있고, 언쟁을 통해 조율이 되고, 마지막에 투표하여 다수결로 따르는 것이 우리가 할 수 있는 최선입니다. 그러므로 저는 공적인 일에서는 언쟁하거나 토론하는 일이 이 세상을 건강하게 한다고 생각합니다.

한편, 사적이고 관계가 중요한 사람들이 있는데, 관계를 해치면서까지 옳고 그름을 따지는 것이 옳은가 하는 문제가 있습니다. 물론 관계를 깨뜨리면서까지 옳고 그름을 구별해야 할 문제도 있습니다. 그러나 이 문제의 경우는 그렇게까지 할 것은 아니라고 생각합니다. '이렇게 하는 것이 더 좋겠는데'라고 하는 것이지, 이것이 부부간의 관계를 서먹하게 하고 오랜 기간 서로를 힘들게 할 만한 문제는 아닐 수도 있지 않을까 생각합니다.

저 역시 많은 시행착오를 통해 깨달은 것인데, 경험상 개인적인 관계는 시간이 조금 걸리더라도 설득하는 것이 더 좋은 것 같습니다. 사람은 설득할 때 바뀌지, 싸울 때 바뀌지 않습니다. 언쟁을 하게 되면, 은연중에 방어벽을 쌓습니다. 그리고 상대방이 하는 말이 아무리 옳아도 그것을 따르면 자기가 졌다는 기분이 들어서 본능적으로 잘 따르려 하지 않습니다. 그래서 되도록 언쟁의 방법은 피하고 설득하는 것이 더 좋지 않을까 생각합니다.

설득하려면, 우선 상대방의 편에 동의해줘야 합니다. 그리고 이해해줘야 합니다. 제가 두발자전거를 배울 때 저희 아버지는 잡아주지 않으시고 말로만 가르쳐주셨습니다. 아버지는 이렇게 말씀하셨습니다.

"얘야, 넘어지는 쪽으로 핸들을 틀어라."

정말 자전거는 넘어지는 쪽으로 핸들을 트니까 넘어지지 않고 갔습니다. 처음엔 넘어지는 쪽으로 핸들을 틀다가, 그다음엔 제가 가려는 쪽으로 핸들을 틀어서 원하는 방향으로도 갈 수 있게 되었습니다.

오랜 언쟁은 심각한 문제입니다. 이런 게 쌓이면 좋지 않습니다. 언쟁 때문에 생기는 가정의 불편한 문제들을 해결해야 하는데, 그러려면 자전거 타듯이 하면 됩니다. 남편을 바꾸고 싶으면, 남편을 도와주어야 합니다. 남편이 교회를 위해서 봉사를 많이 하는 것은 지나쳐서 문제지 잘못된 건 아니니까, 그것을 인정해주고 칭찬해주고 또 필요하면 좀 도와줘도 좋습니다. 그러면서 남편의 방어벽이 무너졌을 때 '조금 절제하는 게 좋지 않을까?' 하며 설득해보면, 혹시 더 좋은 결과를 얻지 않을까 생각합니다. 응원하면서, 칭찬하면서, 꺾으려고 하지 말고 살살 돌리려고 하면 해답이 있으리라 생각합니다.

가정의 문제를 해결하면서 사는 방식을 배워가며 평화를 잘 유지하는 귀한 가정이 되기를 바랍니다. 사랑합니다♡

25 십일조를 꼭 해야 하나요?

Q

안녕하세요, 목사님?

십일조를 꼭 해야 하나요? 십일조는 구약 시대의 명령이 아닌 가요? 구약 시대의 명령을 신약 시대에도 동일하게 적용하는 것이 옳은 것인가요?

그리고 십일조를 꼭 다니는 교회에 내야 하나요? 더 어려운 미자립교회에 하거나 아니면 구제헌금이나 선교헌금으로 드리는 게 더 유익하지 않을까요?

A

이 질문을 받고 어떻게 답변을 드릴까 고민하다가 다음의 두 가지 질문에 대한 대답으로 십일조에 관한 저의 생각을 말씀 드리려고 합니다.

첫째, 나는 왜 십일조를 내고 있는가?

둘째, 나는 왜 우리 아이들에게 십일조를 강조하여 가르쳤는가?

제가 십일조를 드리는 이유는 간단합니다. 하나님께 드리고 싶어서입니다. 저는 하나님의 몫을 떼어드리고 싶어서 십일조를 철저히 드리고 있습니다. 예전 광고 중에 제가 좋아했던 광고가 있는데, 카피가 참 근사했습니다. 날씨가 추워지니까 아내가 남편에게 이렇게 이야기합니다.

"여보, 아버님 댁에 보일러 놓아드려야겠어요."

우리의 감성을 건드리는 좋은 카피였다고 생각합니다. 제가 십일조를 하는 마음은, 완전히는 아니지만 그런 마음입니다. 하나님 댁에 보일러 한 대 놔드리고 싶은 것입니다.

예를 들면, 매번은 아니었지만 제가 차를 구입할 때 '하나님께도 차 사드려야지' 하는 마음으로 선교사님들의 차를 제법 여러 대 사드렸습니다. 제가 십일조를 하는 첫째 마음은 바로 이런 마음입니다. 하나님도 그런 마음으로 십일조를 하라고 말씀하신 것 같습니다.

만군의 여호와가 이르노라 너희의 온전한 십일조를 창고에 들여 나의 집에 양식이 있게 하고… 말 3:10

하나님이 온전한 십일조를 달라고 하십니다. 그래서 '하나

168

님, 뭐 하시게요?'라고 물으니 이렇게 대답하시는 것입니다.

'쌀 사게. 일용할 양식을 좀 채우고 생활비 하게.'

그런 뜻입니다. 말이 안 되지 않습니까? 온 우주의 모든 생명을 다 입히시고 먹이시는 하나님이, 우리가 드리는 십일조를 가지고 쌀을 사시겠다니 말입니다. 그런데 그렇지 않습니다. 하나님은 우리를 먹이시고, 우리는 하나님의 몫을 떼고. 하나님은 그걸 원하시는 것입니다.

선배 목사님 중에 조그마한 교회에서 성실하게 목회하시다가 은퇴하신 목사님이 계십니다. 그 아드님이 사업에 성공하여 큰 부자가 되었습니다. 아버지가 목회 은퇴하실 때 아들이 차도 사드리고 집도 사드렸습니다. 그리고 그 목사님은 우리 아들이 사준 차라며 그렇게 자랑을 하셨습니다. 그래서 제가 농담을 했습니다.

"목사님, 차 뒤에다 써 붙여요."

"뭐라고 써 붙일까?"

"우리 아들이 사준 차."

그래서 웃었던 적이 있습니다. 그게 부모 마음이지 않습니까? '우리 아들이 사줬어. 우리 아들이 용돈 줬어' 하며 자랑하고 싶은 마음 말입니다.

그게 부모 마음인데, 하나님도 우리가 이렇게 드리면, 자랑하고 싶어 하지 않으실까요? 그래서 저는 하나님께 드리고 싶습니다. 드리고 싶어서 십일조를 열심히 드립니다.

그리고 제가 우리 아이들에게 십일조를 강조하며 가르친 데
에는 여러 이유가 있지만, 그중 하나가 십일조가 욕심을 제어
하는 데 아주 좋은 훈련 도구이기 때문입니다. 열을 다 써도
모자라는 게 우리의 욕심입니다. 그런데 그 열 중에 하나를
뗀다는 건 대단한 일입니다. 절대로 쉽지 않습니다.

십일조를 떼기 시작하면 욕심에 브레이크가 걸립니다. '내
가 다 쓸 수 있지만 이건 하나님 거야' 하고 몫을 떼고 쓰면,
아홉만 가지고 절제하며 규모 있게 살려고 노력하게 되는 것
같습니다. 그리고 실제로 제가 십일조 생활을 하다 보니 제
해석이 맞았습니다. 욕심이 조금씩 제어가 되었습니다.

제가 지금은 연금으로 생활하기 때문에 빠듯하지만, 예전
에 목회할 때는 수입이 제법 넉넉했습니다. 큰 교회를 담임하
기도 했고, 책을 많이 써서 인세 수입도 들어왔고, 집회에 초청
받아서 가면 강사비도 꽤 받았습니다. 그 돈을 다 제가 썼으
면 아마 부자가 되었을 것입니다.

하지만 '내가 쓸 만큼만 써야겠다'라고 생각하고 나머지는
흘려보내려고 노력했습니다. 그렇게 해보니 평균적으로 십의
오조까지는 떼고 살 수 있었습니다. 어떤 해에 특별한 일이 있
어서 더 많이 헌금을 드린 적이 있는데, 그 해의 장부를 보니

십의 칠조를 드렸습니다. 그랬더니 제가 너무 쪼들리긴 해서 다음 해에는 다시 십의 오조 정도를 드리는 규모로 회귀한 적이 있습니다.

저는 십일조 생활을 하면서 나름대로 돈에 대한 욕심은 물론, 다른 욕심에 대해 절제하는 법을 배웠습니다. 그래서 저는 우리 아이들에게 십일조를 가르치는 게 건강한 삶을 사는 데 큰 도움이 되겠다고 생각했습니다.

마지막으로 십일조를 꼭 다니는 교회에 내야 하느냐는 질문에, 저는 이렇게 말씀드리고 싶습니다. 십일조뿐 아니라 그보다 더 드리고 싶은 교회에 다니라고 말입니다. '십일조를 꼭 이 교회에 내야 하나'라는 생각이 드는 교회는 다니지 마세요.

십일조 낼 돈으로 구제하거나 선교하면 안 되느냐고도 물으셨는데, 저는 꼭 안 된다고 말씀드리고 싶진 않습니다. 하지만 저 같은 경우에는 하나님께 정확히 드리는 십일조는 애초에 제 몫의 돈이 아니라고 생각했기 때문에 어디에 드릴지, 어떤 헌금으로 드릴지 고민하지 않았습니다. 제 돈이 아니기 때문에 여기 쓸까 저기 쓸까 하는 결정을 제가 하면 안 된다고 생각했기 때문입니다. 십일조 외에 선교헌금이나 구제헌금은 제가 돕고 싶은 곳이 눈에 띄면 제가 결정하여 드렸지만, 십일조는 다른 고민 없이 출석하는 교회에 드렸습니다.

그리고 이 한 가지는 생각해보면 좋겠습니다. 개인이 각자의 십일조로 선교나 구제를 하면, 그게 얼마나 효율적일까요? 스스로는 '뭔가를 했다'라는 마음이 있겠지만, 개인의 힘으로 큰일을 하긴 어렵지 않습니까? 그럴 때 교인들이 십일조를 하고 헌금을 해서 도랑물이 모여 시냇물이 되고, 시냇물이 모여 큰 강이 되고 바다를 이루듯이, 교회를 통해 모인 헌금으로 선교나 구제를 좀 더 규모 있게 할 수 있지 않을까 생각해보았습니다.

　또 한 가지, 내가 선교하고 구제하면 스스로 생색나기 쉽습니다. 내가 준 게 되니 말입니다. 하지만 교회에 십일조를 드림으로 그러한 일들을 하게 되면, 내 이름은 없어지고 하나님만 영광 받으시는 일들이 일어나는 것입니다. 이것도 좋은 방법이라고 생각합니다.

　저는 목회할 때, 교인들의 십일조는 하나님께 드려지는 헌금이니 목회자로서 잘 쓰고, 효과적으로 쓰고, 하나님 마음에 들게 쓰려고 매우 노력했습니다. 그리고 그 돈을 쌓아두지 않으려고 애를 썼습니다. 실제로 성도들에게 이렇게 설교한 적도 있습니다.

　"만약 헌금을 잘못 쓰거나, 교회만을 위해 쓰거나, 밤낮 땅 사고 예배당 짓는 데만 쓰거나, 쌓아놓고 쓰지 않으면 십일조하지 마세요. 그때는 십일조 드릴 다른 교회를 찾으세요."

우리 질문을 주신 분도 십일조 드려도 아깝지 않을 교회를 잘 선택하셔서 십일조 생활을 잘하는 성도님이 되시면 좋겠습니다.

그리고 많은 분들이 십일조는 구약의 말씀인데 그 말씀에 꼭 순종해야 하느냐고 의문을 갖습니다. 그런데 구약도 성경이지 않습니까? 신약 시대라고 구약의 말씀이 필요 없다면, 구약성경은 떼어버리고 신약성경만 가지고 묵상하고 설교해야 하지 않을까요? 하지만 우리는 구약과 신약이 다 동일한 하나님의 말씀이라고 믿습니다.

그러니 이런저런 고민하는 것 대신 하나님께 쌀 사드리는, 그래서 하나님이 자랑하시는 하나님의 자녀가 되었으면 좋겠습니다. 사랑합니다♡

26

남편이 사역자인데 교회가 저와 너무 안 맞아요

Q

안녕하세요, 목사님?

저의 남편은 사역자이고, 저는 남편이 사역하는 교회에 출석하고 있습니다. 그런데 교회가 저와 너무나 안 맞습니다. 담임목사님이 다분히 선동적이고 기복적인 말씀을 종종 하셔서 마음이 너무 어렵습니다. 하지만 남편이 맡은 부서에 대한 책임이 있다 보니 사역지를 옮기기도 쉽지 않습니다. 어떻게 해야 할까요?

A

얼마나 힘들고 답답하실까요. 직접 판단하고 결정해야 할 문제이지만, 제가 생각한 답을 말씀드려보겠습니다. 만약 일반 성도라면 저는 두말할 것도 없이 그 교회를 떠나 다른 교회를 찾아보라고 말씀드릴 것 같습니다. 저는 개인적으로 교인들에게 교회 선택의 권한이 있다고 생각합니다.

하지만 그 교회에서 사역하는 교역자의 사모라면, 사실상 교회 선택의 권한이 없지요. 엄밀히 얘기하면 앞으로도 없을 것입니다. 원칙적으로 목회자는 사역지를 선택하는 것이 아니라 보내심을 받는 사람이니 말입니다. 그것이 소명이지요.

사연을 들으며 사모님의 가정도 걱정이 되었지만, 그 교회의 성도들, 특히 자라나는 아이들과 청년들이 더 많이 걱정되었습니다. 교역자들은 언젠가 때가 되면 결국 다른 사역지로 떠날 것입니다. 하지만 교인들은 쉽게 떠나지 못할 테니, 저는 그 분들이 더 걱정되었습니다.

그래서 이렇게 생각해보았습니다. 옳지 못한 방향이나 방법으로 이끄는 목자가 있는 교회의 교인들이 안타까우셔서 주님이 사모님의 가정을 그 교회로 보내신 것은 아닐까 하고요. 그렇다면 보내심을 받은 자로서 그곳에서 해야 할 역할이 있는데, 힘들다는 이유로 그곳을 떠난다면 하나님이 속상해하지 않으실까 싶었습니다.

그 교회에서 부서를 맡고 계신 남편 분도 담임목사님과 생각은 다르지만 맡은 부서에 대한 책임 때문에 섣부르게 교회를 떠나지 못한다고 하셨는데, 저는 그것이 목회자로서 옳은 마음이고 정신이라고 생각합니다. 많이 힘들겠지만, '이것이 내가 져야 하는 십자가'란 마음으로 맡으신 범위 안에서 최선을 다해 옳다고 생각되는 목표와 방향대로 사역해나간다면, 좋은 목회 훈련이 되지 않을까 생각합니다. 그러기 위해 담임 목사님이 아닌 소명에 집중할 수 있으면 좋겠습니다.

또 한 가지 '오답 노트'를 작성해보는 것을 권면해드리고 싶습니다. 학생들은 공부하면서 자신이 틀린 것만 적어놓는 오답 노트를 많이 활용하는데, 이것이 실력 향상과 시험공부에 큰 도움이 됩니다. 이것을 목회에 적용해보는 것입니다.

생각하기에 옳지 않은 목회의 방법이나 모습을 적고 '우리는 다음에 이렇게 하지 말아야지' 하는 것들을 적어 나가며 목회의 방향을 잡아나가는 것입니다. 그리고 그것을 위해 기도하고 노력하세요. 왜냐하면 다른 사람이 잘못하는 것은 잘 보이지만, 나중에 자신이 직접 목사로서 사역하다 보면 자신의 잘못은 잘 보이지 않기 때문입니다.

그렇게 기도하고 훈련하면서 자연스럽게 하나님께서 사역지를 옮겨주실 때, 그 부르심에 순종할 수 있기를 바랍니다. 그래서 훗날 훌륭한 목회자와 사모로 사역하게 되었을 때 누군가 "누구에게 목회를 배웠습니까?"라고 묻는다면 지금 힘들다고 생각한 그 담임목사님에게서 배웠다고 대답할 날이 오지 않을까 생각합니다.

하나님의 소명을 받은 자로서 담임목사를 보고 머물거나

떠나지 말고, 하나님이 가라 하시면 가고, 머물라 하시면 순종할 수 있는 귀한 가정이 되기를 바랍니다. 하나님이 인도해 주실 것을 믿습니다. 사랑합니다 ♡

27

예배는 꼭 교회에서 드려야 하나요?

Q

안녕하세요, 목사님?

저는 자폐 아이를 키우고 있는 성도입니다. 저희 가정은 아이가 찬양 소리에 공포심이 있어서 교회에 못 간 지 오래되었습니다. 게다가 코로나 팬데믹으로 예배 참석이 더 힘들어졌는데, 아무래도 예배는 교회에서 드려야 한다는 생각이 강해서인지 늘 죄책감 같은 감정이 있습니다.

이제 코로나가 끝나서 대면 예배가 회복되었는데, 계속 집에서 예배를 드려도 될까요? 가능하면 하나님이 기뻐하시고 저도 은혜받는 예배를 드리고 싶습니다.

A

코로나를 지나면서 많은 교회가 비대면 예배를 드렸습니다. 아무래도 주일에 외출 준비를 하고 교회에 가서 예배드리는 것보다는 많이 간편해지고 쉬워졌지요. 그러다 보니, 예배가 경홀해지는 경향이 있고, 마음 다해 예배드리는 것이 조금 약해지지 않았나 싶어서 사실은 걱정이 많았습니다. 이런 모습이 습관화되어 코로나가 끝난 후에도 주일 성수를 제대로 하지 못하고, 휴대폰 켜놓고 설교 잠깐 들은 것으로 '예배 드렸다. 주일 지켰다'라고 하는 게 유행처럼 될까봐 목회하던 목사로서는 걱정이 많았습니다.

제가 어렸을 때는 주일날 교회에서 종을 쳤었습니다. 초종, 재종이 있었는데, 예배 시작하기 전에 초종을 치면 '이제 교회 갈 시간이다'라고 알고 준비했고, 재종을 친 후에 예배를 드렸던 기억이 납니다. 일찍부터 일어나서 교회 종소리에 귀 기울이고, 깔끔한 옷으로 갈아입고, 연봇돈(헌금)도 깨끗하게 신권으로 바꾸거나 혹은 다림질까지 해서 성경책에 넣어 교회에 갔던 생각이 납니다.

교회 가서 봉사도 하고, 교회학교 교사도 하고, 교인들과 친교도 하고, 함께 식사도 하면서 믿음이 자랐던 것도 향수를 자극하는 좋은 기억으로 남았습니다. 그리고 하나님께서도 그 모든 것을 예배로 보시고 기뻐하시며 받아주셨으리라 생각합니다.

그런데 그냥 집에서 영상으로만 예배드리게 되면 소중한 것들을 다 잃어버리게 될까 봐 사실은 걱정입니다. 대면 예배가 잘 회복되고 성도들이 함께 모여 마음을 다해 예배하는 일이 소홀해지지 않기를 기도하고 있습니다.

그러나 질문을 주신 분의 경우는 자녀가 예배 때 부르는 찬양에 공포심을 느끼기 때문에 교회에 가지 못하고 집에서 예배를 드리고 있는데, 그것까지 잘못되었다고 얘기할 수는 없습니다.

저는 이 질문을 받았을 때 사마리아 여인과 예수님의 대화가 생각났습니다. 사마리아 사람들은 그리심산에서 예배드렸고 유대인들은 예루살렘에서 예배드렸습니다. 당시는 예루살렘만 성전이라고 생각했던 때였습니다. 그런데 유대인들이 사마리아인들을 예루살렘 성전에 못 오게 하니, 성전에 못 올라가게 된 사마리아인들은 할 수 없이 그리심산에서 예배를 드렸습니다.

사마리아 여인은 예수님에게 질문했습니다.

'어디서 예배드리는 것이 옳습니까?'

그때 예수님의 대답이 명답이었습니다.

예수께서 이르시되 여자여 내 말을 믿으라 이 산에서도 말고 예루살렘에서도 말고 너희가 아버지께 예배할 때가 이르리라 … 아버지께 참되게 예배하는 자들은 영과 진리로 예배할 때가 오나니 곧 이때라 아버지께서는 자기에게 이렇게 예배하는 자들을 찾으시느니라 **요 4:21,23**

그리심산이냐 예루살렘이냐가 중요한 게 아닙니다. '영과 진리로 드리는 예배'는 하나님이 다 받으신다고 하셨습니다. 그러니 예배에 있어서 중요한 것은 예루살렘이냐 그리심이냐가 아니라, 영과 진리로 예배를 드리느냐가 관건입니다.

아이가 찬양에 공포를 느끼는데도 불구하고 억지로 교회에 끌고 다니면 교회 자체를 두려워하게 되고, 교회를 두려워하다가 예배를 두려워하고, 결국 신앙까지 멀어질까봐 걱정입니다. 그럴 경우에는 주일날 교회를 꼭 고집하지 말고 집에서 예배드리는 것이 옳다고 생각합니다.

혹 이런 상황에도 불구하고 누군가 '예배는 꼭 예배당에서 드려야 한다'라고 주장한다면, 저는 그것도 일종의 율법주의라고 말하고 싶습니다. 그러니 부담 갖지 말고, 죄책감에 시달리지 말고 온라인 예배에서 놓치기 쉬운 것들을 잘 보완하여서 예배드리셨으면 좋겠습니다.

온라인으로 집에서 예배를 드려도, 예배드리기 전에 교회에 가는 것처럼 세수하고 샤워하고 옷 깨끗한 것으로 갈아입고, 단정히 하는 것도 좋습니다. 의자를 놓을 수 있다면 의자를 놓아서 아무렇게나 편하게 앉지 말고 바른 자세로 앉아서 예배드리세요. 헌금도 준비하시고요. 그렇게 마음을 다하고 뜻을 다하고 정성을 다하여 아이와 함께 예배드린다면, 하나님께서 받으시는 예배에는 아무런 문제가 없으리라 생각합니다.

자유로운 마음으로 아이와 함께 집에서 온라인으로, 영과 진리로 예배하는 귀한 예배자가 되길 바랍니다. 사랑합니다♡

Q

안녕하세요, 목사님?

저는 젊은 시절에는 전쟁 같은 하루하루를 간절히 기도하며 그 힘과 능력으로 살아왔는데, 전업주부인 지금은 일상이 잔잔해서인지 제 신앙도 미지근해진 느낌입니다.

신앙의 연수가 길어질수록 하나님에 대해 아는 것은 많이 늘었는데, 저의 믿음은 정체되거나 퇴보하고 있는 것 같아서 이러다가 제 안의 성령님이 사라지실 것 같은 두려운 마음이 듭니다. 어떻게 하면 잔잔한 일상 속에서도 뜨겁게 성령님을 구하고 은혜가 넘치는 삶을 살 수 있을까요?

A

치열한 하루하루를 하나님 앞에서 씨름하며 살다가 지금 잔잔한 일상 중에 하나님 앞에 씨름하는 일이 없어져서 신앙이 퇴보한 것이 아닌가 염려된다고 하셨는데, 실제로 신앙이 미지근하고 퇴보하신 분이라면 이렇게 신앙생활을 열심히 하지 못하고 고민도 열심히 못합니다.

가장 먼저 말씀드리고 싶은 것이 있습니다. 지금의 안정되고 잔잔한 삶은, 예전에 삶이 전쟁 같았을 때 하나님께 울며 불며 간절히 매달리고 야곱처럼 기도해서 얻은 기도의 응답이란 사실입니다. 그때 그렇게 기도했기 때문에 그 기도의 응답으로 지금 평안한 삶을 살고 있는 것입니다.

우리가 어려울 때는 하나님 앞에 매달릴 줄도 알아야 하지만, 하나님께서 은혜를 베푸셔서 평안하고 안정된 삶을 허락해주실 때에는 그 삶을 누릴 줄도 알아야 합니다. 이 평안한 삶이 그냥 주어진 것이 아니라 이전에 전쟁같이 힘들고 어려웠을 때 하나님께 매달려 기도한 것에 대한 응답임을 알고 감사로 누리면, 그 일상이 은혜가 되리라 믿습니다.

많은 사람이 드라마틱한 신앙생활을 갈망하지만, 평범한 일상도 참 중요합니다. 평생 치열하고 평생 드라마틱하면 피곤해서 어떻게 살겠습니까? 진정한 신앙의 고수는 잔잔한 일상 가운데서도 하나님의 은혜를 경험하며 사는 것입니다. 그런 삶에 도전해보면 좋겠습니다.

잔잔한 중에도 은혜를 누리는 삶을 사는 데 도움이 될 만한 몇 가지 이야기를 해드리고 싶습니다. 우리가 좋아하는 찬송 중에 〈주 하나님 지으신 모든 세계〉라는 찬송이 있습니다. 1절의 가사는 정말 웅장하고 드라마틱합니다. "하늘의 별 울려 퍼지는 뇌성 주님의 권능 우주에 찼네"라니, 엄청납니다.

그런데 2절 가사는 조금 다릅니다. 저는 2절 가사가 더 좋습니다. "숲속이나 험한 산골짝에서 지저귀는 저 새소리들과 고요하게 흐르는 시냇물은 주님의 솜씨 노래하도다"라고 합니다. 2절은 우주, 별 같은 스케일의 1절과 달리 일상에서 경험할 수 있는 숲속의 새소리, 시냇물 소리 속에서 하나님의 솜씨를 발견하며 찬송하고 있습니다. 이것이 고수의 신앙입니다.

제가 청년 때 어느 목사님의 설교에서 들었던 예화입니다. 어느 믿지 않은 집의 부인이 병이 깊어서 가정부를 두었다고 합니다. 그 부인이 가정부가 주방에서 일하는 것을 보고 있자니, 밥을 하면서 뭐라고 중얼중얼하더랍니다. 부인이 '저 사람이 무슨 불평불만을 저렇게 하나' 싶어서 귀를 기울여 들어봤더니, 불평불만을 중얼거리는 게 아니라 밥을 하면서 기도를 하고 있더랍니다.

'하나님, 제가 할 수 있는 일이 이것밖에 없지만 정성껏 밥을 지었습니다. 하나님, 주인 사장님이 이 밥을 드시고 건강하게 직장 나가서 일 잘하게 해주세요. 사모님이 몸이 아픕니다. 이 밥 잘 드시고 소화 잘하셔서 건강 회복하게 해주세요.

이 집의 아이들이 학교에 가서 공부할 때, 공부 잘해서 큰 일 꾼 되게 해주세요.'

그 주인 사모님이 얼마나 감동했겠습니까. 그 후로 주인 부부가 그 가정부를 딸처럼 귀하게 여기며 같이 살다가 시집까지 보냈다는 이야기를 들었습니다. 밥 하나를 지으면서도 그렇게 기도하면서 정성껏 지을 때, 그 일상 속에 큰 은혜가 있습니다. 그렇게 사는 것이 은혜 충만한 삶 아닐까요?

제가 평소에 예화로 자주 언급하는 설렁탕집 사장님의 이야기입니다. 김천에서 설렁탕집을 하시는 분인데, 그 집사님이 어느 날 제게 이런 말을 했습니다.

"목사님, 저는 설렁탕 한 그릇 끓여 파는 장사꾼에 불과하지만, 설렁탕 한 그릇을 끓여도 예수님을 대접하는 마음으로 끓여요."

그 이야기를 들었을 때 얼마나 감동했는지 모릅니다. 설렁탕집 사장이 설렁탕 끓여서 손님 대접하는 일이 드라마틱한 일은 아닙니다. 누구나 하는 일상의 일이지요. 그런데 작은 일이지만, 그 안에 예수님을 대접하는 마음을 담았습니다. 그러자 그 어떤 드라마틱한 신앙 체험보다 더 드라마틱한 신앙 생활이 되었습니다.

질문을 주신 분도 전업주부로 보내는 일상의 삶이 드라마틱하면 얼마나 드라마틱하겠습니까? 그런데 그 안정된 삶을 누리면서 그 안에 의미를 부여하고 기도하며 사랑하는 마음을 담는다면, 잔잔한 일상 속에서도 큰 은혜를 누리는 신앙생활을 할 수 있을 것입니다. 오늘 누리는 그 삶이 내가 기도했던 것에 대한 하나님의 응답임을 기억하면, 큰 은혜와 감격과 감사로 일상을 누리게 될 줄 믿습니다. 감격하며 사세요. 그러면 하나님이 그것을 기뻐하십니다.

하늘의 별과 울려 퍼지는 뇌성 속에서도 하나님의 권능을 느끼지만, 작은 들꽃 하나를 바라보면서도 얼마든지 우주보다 더 큰 하나님의 솜씨를 느낄 수 있습니다. 평범함 가운데서도 큰 은혜를 누릴 수 있는 능력을 하나님께서 허락해주시길 기도합니다. 사랑합니다♡

목사님의 설교가 너무 어려워서 힘이 들어요

Q

안녕하세요, 목사님?

저는 모태신앙으로 자랐기에 교회는 제게 놀이터 같은 곳이었습니다. 그런데 지금 저의 모습은 마치 물 위를 걷는 베드로처럼 위태롭습니다. 교회를 다니고는 있지만 신앙의 정체기가 길어지는 느낌입니다.

가장 큰 문제는 담임목사님의 설교가 귀에 들어오지 않는다는 것입니다. 그렇다고 목사님의 말씀이 소위 정치적이거나 기복적이거나 미신적이진 않습니다. 다만 이론적으로 깊이 있는 말씀을 많이 하시다 보니 제가 이해하기에 어렵고 버겁습니다. 다른 사람들은 말씀을 잘 듣고 성장해가는 것 같은데, 저만 제자리에서 멈춘 것 같아서 속상합니다. 교회를 옮기고 싶기도 한데, 쉽게 옮기면 안 될 것 같기도 하고, 전 어떻게 해야 하나요?

A

굉장히 솔직하고 중요한 질문을 해주셨습니다. 같은 고민을 하고 계신 분이 많을 거예요. 교회가 교인을 위해 있는 걸까요, 교인이 교회를 위해 있는 걸까요? 답은 둘 다입니다. 교회가 있어야 교인이 믿음으로 잘 성장할 수 있고, 또 교인이 있어야 교회가 존재할 수 있으니 말입니다.

그래도 '무엇이 더 중요한가'라는 질문을 해본다면, 저는 교인이라고 생각합니다. 교회가 교인을 위해 있는 것이라고 생각합니다.

그래서 잘 맞지 않거나 혹은 교회가 잘못된 경우라면 교회를 떠날 수 있고 바꿀 수 있다고 생각합니다. 교회를 떠나는 것을 벌 받는 것처럼 얘기하는 것은 위험한 일이고, 옳지 않은 일입니다. 저는 교회 선택의 권리는 교인에게 있다고 생각합니다.

그러나 신중해야 할 일입니다. 교회에 다니다 보면 힘들 때도 있고, 신앙적으로 침체를 겪을 때도 있습니다. 싫증이 나거나 불만이 생길 때도 있습니다. 그렇다고 그때마다 교회를 옮긴다면 평생 교회만 옮기다가 신앙생활을 끝낼 수도 있습니다. 실제로 이런 양상이면 신앙생활에 매우 위험합니다. 그래서 교회를 옮기는 일은 굉장히 신중해야 합니다.

신앙적인 갈등이 있을 때, 두 가지 경우가 있습니다. 하나는 교회를 바꿔야 할 때고, 또 하나는 나를 바꿔야 할 때입니다. '교회를 바꿔야 한다'라는 판단이 들면 교회를 바꿀 수 있겠지요. 그러나 나를 바꿔야 할 때도 있습니다. 나만 조금 바뀌면 교회생활을 잘할 수 있는 경우가 있는데, 그것이 싫어서 교회 바꾸는 일로 해결하려고 하면 평생 신앙의 문제를 해결하지 못할 우려가 있습니다.

그렇다면 어떨 때 교회를 바꾸는 것을 생각해야 할까요? 교회나 목사님의 설교가 아무리 봐도 이단적이거나 혹은 정치적인 선동이 많아서 복음과 관계없는 설교가 선포되는 일이 많을 때입니다. 또는 기복적이거나 미신적인 설교가 많다면 당장 교회를 떠나야 한다고 생각합니다. 그것은 건강한 교회가 아니기 때문입니다. 또 다른 경우로, 목회자가 신격화되고 교주화된 교회도 건강한 교회가 아니기 때문에 제 자녀라면 그런 교회는 떠나라고 권면할 것입니다. 그런데 그렇지 않은 경우라면 신중해야 합니다.

이 사연을 읽으며 저는, 이 경우에는 질문 주신 분 자신을 바꾸는 것이 더 좋은 일이 아닐까 싶었습니다. 이야기를 들어보면, 목사님의 설교가 신학자처럼 조금 이해하기 어렵고 딱딱해서 은혜받는 게 쉽지 않다는 것만 문제지 다른 문제는 없어 보입니다. 그렇다면 은혜받는 훈련이 필요한 것입니다. 은혜도 훈련이 필요합니다.

목사는 성경 속에서 은혜를 찾아내는 직업입니다. 제가 목회할 때 새벽기도회에서 창세기부터 요한계시록까지 매일 한 장씩 차례로 읽어가며 설교를 했었습니다. 어떤 본문은 딱 펼치면 그 안에 은혜가 보입니다. 그래서 쉽게 은혜를 끄집어낼 수 있었지요.

그런데 훨씬 더 많은 성경 본문이 막상 딱 보면 무슨 말씀인지 모르겠습니다. 그 속에서 은혜를 찾아내기가 너무 어렵습니다. 그럴 땐 건너뛰고 싶습니다. 다른 곳을 보면 설교하기 쉬운 말씀들도 많이 있으니까요. 그런데 그러지 않았습니다. 매일 한 장씩 하기로 약속했기 때문입니다.

은혜가 보이지 않는 말씀을 보고, 또 보고, 기도하고, 또 기도하면서 그 안에 은혜가 있다는 믿음을 가지고 애를 쓰다 보면, 불현듯 '내가 이 말씀 속에서 왜 이 은혜를 깨닫지 못했을까?' 하는 것들이 보입니다. 그 덕분에 매일 새벽예배가 '날마다 기막힌 새벽'이었습니다. 믿고, 노력하고, 애쓰고, 기도하고, 훈련해서 얻어낸 저의 신앙적 재능이라고도 할 수 있습니다. 우리 질문을 주신 분께도 이것을 한번 권해드리고 싶습니다.

목사님의 설교가 한 번 들어서는 이해하기 어려운 것 같습니다. 이론적이고 딱딱한 설교면 처음 한 번으로는 은혜받기가 어려울 것입니다. 아마 녹음된 목사님의 설교가 온라인에 올라가 있을 텐데, 그렇다면 그 설교가 이해될 때까지 반복해서 들어보세요. 말씀에서 반드시 은혜받겠다고 고집을 부려보세요.

'이 말씀 속에 은혜가 있다. 내가 반드시 찾아낼 것이다. 반드시 은혜받을 것이다!'

이 마음으로 한 번 더 들어서, 안 되면 두 번, 그것도 안 되면 세 번 반복해서 들으세요. 그렇게 말씀 속에서 은혜받는 훈련을 해보는 것입니다. 그러면 은혜받는 실력이 늡니다. 그렇게 딱딱한 설교를 정복하면 천지 사방에 은혜가 깔려 있습니다. 그리고 말씀이 보이기 시작합니다. 말씀을 보고 은혜받는 능력이 점점 커집니다.

제가 좋아하는 시 중에 구상 시인의 〈말씀의 실상〉이란 시가 있습니다. 그 시에 보면 "무명의 백태가 벗겨지며 나를 에워싼 만유일체가 말씀임을 깨닫습니다"라는 표현이 있습니다. 눈에 백태가 끼어 있을 때는 하나님의 말씀을 깨닫지 못했는데, 백태가 벗겨지자 만유일체가 말씀이고 은혜임을 깨닫는다는 것입니다.

다윗의 시 중에도 이와 비슷한 시가 있습니다.

하늘이 하나님의 영광을 선포하고 궁창이 그의 손으로 하신 일을 나타내는도다 날은 날에게 말하고 밤은 밤에게 지식을 전하니 언어도 없고 말씀도 없으며 들리는 소리도 없으나 그의 소리가 온 땅에 통하고 그의 말씀이 세상 끝까지 이르도다 하나님이 해를 위하여 하늘에 장막을 베푸셨도다 시 19:1-4

언어도 없고, 말씀도 없고, 들리는 소리도 없어서 아무것도 들리지 않았는데, 어느 날 말씀을 듣는 귀가 탁 터졌습니다. 그러자 "그의 소리가 온 땅에" 충만하다는 기가 막힌 고백을 합니다.

이 시를 보고 이런 생각을 해보았습니다. 우리는 외국어가 안 들립니다. 당연하지요. 모르는 언어니까요. 그런데 공부를 하다 보면 어느 날 그 말이 탁 들릴 때가 있지 않겠습니까? 그 순간 얼마나 기쁘고 뿌듯할까요?

그런 것처럼, 반복하고 반복하여 훈련했더니 하나님의 말씀을 조금 논리적이고 딱딱하게 전해주시는 목사님의 설교가 어느 날 은혜 가득한 말씀으로 들리게 되는 은혜가 있을 줄 믿습니다. 그 순간 온 땅에 하나님의 말씀이 충만하다는 다윗의 고백이 실감나게 다가오지 않을까요?

은혜받는 훈련을 열심히 하서서 그 은혜를 누리게 되기를 바랍니다. 사랑합니다♡

30 교회 봉사를 오래했는데 점점 기쁨이 없어지고 허탈감이 생깁니다

Q

안녕하세요, 목사님?

저는 모태신앙으로 오랫동안 교회 반주자로 섬기고 있습니다. 늘 최선을 다해 기쁜 마음으로 반주한다고 생각했는데, 어느 때부터인가 예배를 드리고 집에 가면 허탈감이나 무력감 같은 게 밀려옵니다.

습관적인 봉사와 예배가 되어버렸기 때문일까요? 아니면 지쳐서 그런 것일까요? 솔직히 잘 모르겠습니다.

목사님도 이런 기분을 느껴보신 적이 있으신가요? 예수님에 대한 첫사랑을 잘 회복해서 늘 감사와 은혜가 넘치는 교회생활과 봉사생활을 하고 싶은데, 제가 어떤 부분을 깨달아야 하는지 알려주세요.

A

오랫동안 교회에서 반주자로 섬기고 있는데, 요즘은 봉사가 끝나면 허탈감이나 무력감 같은 게 느껴져서 하나님에 대한 충성과 사랑이 식은 게 아닐까 고민하는 것처럼 보입니다. 그런데 제가 이 사연을 읽고 처음 든 생각은 '지쳤다'라는 것입니다. 이럴 때 가장 좋은 방법은 쉬는 것입니다.

우리 기독교인들은 쉬는 것과 게으름을 착각하는 경우가 종종 있습니다. 쉬는 게 꼭 게으른 것은 아니에요. 하나님이 세상과 인간을 창조하실 때 중요하게 여기셨던 원칙 중에 하나가 '안식의 법'입니다. 하나님도 엿새 동안 힘써 일하시고 하루를 안식하셨습니다. 그리고 우리에게도 엿새 동안 힘써 일하고 하루를 쉬라고 말씀하셨지요.

그 쉼이 왜 필요한가 하면, 엿새 동안 힘써 일했기 때문이고, 또 하루를 그렇게 쉬어야 다시 엿새 동안 힘써 일할 수 있는 힘을 얻기 때문입니다. 쉬지 않고 계속 일하면 엿새 동안 힘써 일할 힘을 잃어버리기 때문에 무기력해지고 허탈감에 빠지게 됩니다.

엘리야 선지자가 지쳤을 때 하나님이 내리신 처방은 쉬라는 것이었습니다. 까마귀가 물어다주는 떡과 고기를 먹고 그릿 시냇가에서 물을 떠다 마시면서 그냥 쉬라고 하셨습니다.

제가 담임 목회를 할 때 육 년을 사역하면 일 년은 꼭 쉬게 했습니다. 안식년이지요. 열심히 사역했으니 쉬라는 의미도 있었지만, 내가 없어도 돌아가는 조직을 만든다는 의미도 있었습니다.

그렇게 일 년을 쉬고 돌아와보면 목회의 질이 한결 올라간 것을 느끼곤 했습니다. 안식년을 '쉴 권리'로 행하는 것이 아니라 하나님의 법에 순종하는 마음으로 행했기 때문에 목표에 대한 의욕도 생기고 더 창조적이 되기도 했던 경험이 있습니다. 그래서 하나님의 법에는 버릴 것이 없다는 것을 다시금 깨달았었지요.

그래서 제가 권해드리고 싶은 것은, 담당 교역자와 잘 상의하여 일 년 정도 쉬는 것입니다. 방전되었을 때는 충전해야 합니다.

충전은 두 가지로 해야 하는데, 우선은 쉬는 것입니다. 그리고 두 번째로 봉사를 쉬는 동안에 예배에 더 집중하는 것입니다. 예배 속에서 은혜받고 충전이 쌓이면 아마 일 년이 가기 전에 다시 봉사하고 싶다는 의욕이 생길 것입니다. 그러면 그때 새 힘으로, 기쁜 마음으로 다시 봉사하면 됩니다.

제가 보기에는 믿음이 약해졌거나 하나님을 사랑하는 마음이 약해져서 봉사가 힘들어진 게 아니라 오랜 시간 하다 보니 방전된 것 같습니다.

그러니 너무 심각하게 생각하지 말고 쉬면서 힘을 얻고 또 새로운 봉사와 예배생활을 잘 해나가는 귀한 하나님의 일꾼이 되길 바랍니다. 사랑합니다♡

5
PART

힘든 일이 있을 때
신앙을 어떻게
지켜야 하죠?

Q

안녕하세요, 목사님?

저의 아이가 사춘기가 되면서 자꾸 속을 썩이고 교회에 나가지 않으려고 해서 고민입니다. 어릴 때는 신앙생활도 잘하고 저에게 가장 큰 기쁨이었던 아이가, 지금은 거짓말도 빈번하게 하고, 교회 가기 싫어하고, 공부도 게을리합니다. 화를 내도 그때뿐이고, 지금 제 속은 아이에 대한 실망감으로 화가 나다 못해 썩어서 제 속이 아닌 것 같습니다.

그리고 이대로 교회를 떠날까 봐, 그것이 제일 큰 걱정입니다. 마음 같아선 억지로 교회로 끌고 가서 앉혀두고 싶지만 그러지도 못하고, 어떻게 해야 할지 모르겠습니다. 아이가 마음을 잡고 다시 돌아오게 하고 싶은데 어떻게 해야 할까요? 아이를 위해 어떻게 기도해야 할까요?

A

자식이 좀 잘못되거나 비뚤어지면 부모는 참 견디기 힘듭니다. 사랑하는 만큼 실망도 크고 절망하게 되지요. 그런데 사랑하기 때문에 더 실망하고 절망하는 것, 바로 이것이 부모가 자녀를 교육하는 데 큰 장애가 됩니다.

자기 자식 일이 아니었다면 '아이가 그럴 수도 있지. 다 그러면서 크는 거지' 하면서 요즘 아이들 말로 쿨하게 지나갈 수 있는 문제도 내 아이의 문제가 되면 그냥 넘어가질 못합니다. '그럴 수도 있지'가 아니라 '어떻게 네가 이럴 수 있냐?'가 되어 버립니다.

저희 부부가 아들 셋을 키웠습니다. 저희 아이들은 다 순순히 모범생으로 컸을까요? 아니요. 그렇지 않습니다. 부모 눈으로 보면 우리 집 아이만 문제고 다른 집 아이들은 다 잘 크는 것 같은데, 아이들은 대개 비슷한 과정을 겪으며 자랍니다. 저희 아이들도 담배 피우고, 친구들과 당구 치러 다니고, 공부 안 해서 성적이 바닥으로 떨어지기도 하고, 거짓말을 하기도 하고, 제 엄마 아빠 지갑에 손을 대기도 하면서 컸습니다.

사실 제 아내가 아이들의 잘못을 저에게 거의 전하지 않고 아내 선에서 처리해주었습니다. 아이들 문제로 제가 목회에 지장을 받을까 봐 배려해준 것입니다. 그런데 어느 날 집에 갔더니 아내가 펄펄 뜁니다. 아내 선에서 해결할 수 있는 문제가 아니라고 생각했는지, 아이 하나를 잡아두고선 저에게 아이의 잘못을 이야기하고는 저더러 해결하라고 했습니다. 아마도 아이가 거짓말을 너무 잘한다는 것이었던 것 같습니다. 그때 제가 도리어 아이의 역성을 들었습니다.

"당신은 자라면서 거짓말 안 했어? 우리도 그러고 컸잖아. 난 좀 그랬는데?"

아내가 그 말에 마음을 풀었습니다. "정말 그러네. 나도 그랬지"라고 웃으며 받아주었습니다. 아빠에게 얼마나 혼이 날까 긴장하고 있던 아이가 더 놀랐습니다. 심각하고 살벌했던 분위기가 한순간에 대수롭지 않은 분위기로 전환되었습니다.

그렇다고 그냥 넘어간 것은 아닙니다. 그런 후에 아이에게 말했습니다.

"누구나 그러면서 큰다. 하지만 그렇다고 그냥 방관하고 내버려두면 나중에 더 큰 잘못으로 이어지니 고쳐야 한다. 고칠 수 있겠니?"

그러자 아이도 수긍하며 노력해보겠다고 했습니다. 그리고 아이와 약속했습니다. 달력에 매일매일 거짓말을 하거나 나쁜 일을 한 날은 엑스 표(X)를 치라고 했습니다. 그 달력을 보고 거짓말을 했다는 것은 알 수 있겠지만, 무슨 거짓말을 했는지는 묻지 않겠다고 했습니다. 아이는 그러겠다고 약속하고 매일 엑스 표를 그었습니다. 계속 엑스 표 치는 걸 보고 있자니, '얘가 이걸 고칠 수 있을까?' 싶었습니다. 그래도 끝까지 인내하면서 기다려주었습니다. 그러던 어느 날 달력에 놀라운 말이 쓰여 있었습니다.

"현저히 줄어들고 있음."

부모는 아이가 잘못될까 봐 아이를 공격하기 쉽습니다. 그러면 아이는 방어를 하고 싸우게 됩니다. 부모와 자식 관계가 공격과 수비를 하는 적이 됩니다. 그래서 부모의 영향력이 도리어 감소하지요. 그럴 때는 역으로 아이를 이해해주면서 조금 너그럽게 아이의 편을 들어주는 것이 아이가 바르게 크는 데 도움이 되리라 생각합니다. 그렇게 속을 썩였던 저의 아이들도 다 바르게 자라서 지금은 신앙생활 잘하고 잘 지내고 있습니다.

아이를 오랫동안 믿어주고 참아주고 기다려주는 것이 필요합니다. 그럴 때 아이들이 돌아오는 것 같습니다. 제일 큰 문제가 자식이기 때문에 너무 조급하다는 것입니다. 상처가 났을 때 자꾸 만지면 손독이 오른다고 하는데, 자식도 손독을 탑니다. 사랑할수록 조금 멀리 두는 것이 필요합니다. 잘못했다고 너무 몰아세우지 마세요. '나는 너를 믿는다. 너는 크게 될 놈이다'라고 믿음을 심어주는 것에 집중하고, 칭찬할 거리

하나라도 찾아서 칭찬해주세요. 그렇게 해서 관계가 좋아지면 다른 문제들도 자연스럽게 풀리곤 합니다.

예수님을 믿는 것도 마찬가지입니다. 부모와 친해져야 예수 믿는 것도 더 편해집니다. 제가 좋아해서 자주 인용하는 말씀이 있는데, 요한계시록 3장 20절입니다.

볼지어다 내가 문밖에 서서 문을 두드리느니 누구든지 내 음성을 듣고 문을 열면 내가 그에게로 들어가 그와 더불어 먹고 그는 나와 더불어 먹으리라 계 3:20

예수님은 우리 삶의 문 안으로 들어오고 싶어 하십니다. 하지만 강제로, 폭력적으로 들어오지 않으십니다. 문밖에서 문을 두드리십니다. 그리고 기다리십니다. 언제까지 기다리시나요? 우리가 문을 열 때까지 기다리십니다.

이 말씀에 우리가 아이들을 어떻게 교육하고 다뤄야 하는지에 대한 인사이트가 있다고 생각합니다. 제일 중요한 것은 강요하지 않는 것입니다. 많은 부모님들이 아이가 잘못될까 봐, 엇나갈까 봐 다급한 마음에 혼을 내고 교회에 강제로 끌고라도 가고 싶어 합니다. 그런데 이것이 제일 위험한 생각입니다.

아이가 어릴 때는 어느 정도 통하겠지만, 사춘기가 되고 청소년기가 되면 압력을 가하면 가할수록 반발계수가 높아져서 더 저항하게 되어 있습니다. 왜 그런가 하면, 하나님이 우리에게 자유를 주셨기 때문입니다. 초등학교 때만 해도 부모님이 하라는 대로 하다가 청소년이 되면 자아의식이 생기기 시작하면서 이해 안 되고 동의 안 되는 것을 억지로 하게 하는 것을 제일 싫어합니다. 강요해서 해결 가능한 문제면 강요하면 됩니다. 하지만 강요해도 안 되는 일이기에 강요하면 안 되는 것입니다.

그렇다고 해서 포기하라는 것이 아니에요. 예수님은 문을 두드리신 후에 우리가 문을 안 열어준다고 포기하고 돌아가지 않으십니다. 그냥 문밖에 서서 기다리십니다. 그리고 계속 두드리십니다. 포기하지 않으십니다.

우리 자녀들의 문제에서도 포기하지 않는 모습이 필요합니다. 아이들의 잘못이나 교회 가기 싫어하는 마음에 동의해주어서는 안 되지만, 그 마음을 이해는 해주어야 합니다. 계속 얘기해주어야 합니다.

'너희 때는 그럴 수 있지. 하나님이 우리에게 자유의지를 주셔서 그런 과정을 밟게 하신 거야. 네가 스스로 결정하고 이해될 때까지 엄마 아빠는 밖에서 두드리며 기다려줄 수 있어. 네가 문을 열어줄 때까지 기다릴 거야.'

다시 강조하지만, 문을 밀고 들어가서가 아니라 문밖에서 계속 이야기해주며 두드려야 합니다. 기다리는 것이 중요합니다.

그런데 힘들지요. 남의 자식은 기다려주기 쉬울 것 같은데, 내 자식은 힘듭니다. 그러다 문을 안 열까 봐, 진짜로 예수님을 떠나버릴까 봐 마음이 조급하고 답답합니다. 그럼에도 기도하면서 기다리는 것이 굉장히 중요합니다. 그리고 좋은 관계를 유지하려고 노력해야 합니다.

어느 날 제가 아내에게 이렇게 말했습니다.

"난 아이들 때문에 속 썩을 일이 없었네. 애들이 너무 잘 컸으니까."

그러자 아내가 이렇게 얘기했습니다.

"애들이 속을 안 썩였나? 당신이 속을 안 썩었지."

그러고 보니 정말 그랬습니다. 저희 아이들도 속 썩일 일이 많았습니다. 그런데 제가 속을 썩지 않았습니다. '그럴 수 있다. 아이들은 그러면서 큰다'고 생각하고 '아이들 편을 들면서 끝까지 기다려주면 아이는 반드시 돌아온다'는 믿음이 저에게 있었습니다.

마지막으로 당부드리고 싶은 말씀은, 부모님이 신앙생활

을 잘 하는 것입니다. 부모님이 건강한 신앙생활을 하면서 예수님을 잘 믿는 모습을 보여주어야 합니다. 그래서 예수 믿는 일이 아름답다는 것을 보여주어야 합니다. 아이들은 부모들이 하는 것을 보고 믿을 것입니다. 믿으라고 하는 말만 듣고는 안 믿습니다.

이미 아이들은 어린 시절의 신앙생활을 통해 무의식에 하나님의 대한 생각과 교회생활이 깔려 있습니다. 그것이 사춘기를 지나며 자의식이 커지면서 한번 뒤집어진 것뿐이지 그 아래 스며든 것까지 다 사라진 게 아닙니다. 그리고 성령님께서 여러 기회를 통해 결국 아이가 돌아올 수 있도록 이끄실 것입니다. 하나님도 아이의 문밖에서 문을 두드리며 기다리고 계신 것이지요.

그것을 믿고 서두르지 말고, 그렇다고 포기하지도 말고 기도하면서 아이를 기다려주세요. 어느 날, 엇나갔던 마음이 바로 잡히고 부모보다 신앙이 더 좋아지는 날이 오게 될 줄 믿습니다. 사랑합니다♡

이 고난이 하나님의 연단인지 막으심인지

어떻게 알 수 있나요?

Q

안녕하세요, 목사님?

살다 보면 크고 작은 장애물 때문에 막막할 때가 있습니다. 그런 어려움 앞에서 어떻게 하는 것이 하나님의 뜻인지 혼란스러울 때가 많습니다. 이 어려움이 하나님의 사람이 반드시 지나야 했던 광야 같은 것인지, 아니면 요나가 하나님의 뜻을 어기고 다시스로 가다가 만난 풍랑 같은 것인지 구별하기가 어렵습니다.

제 앞에 놓인 어려움이 연단과 훈련이 이뤄지는 광야라고 생각해서 그 안에서도 바른길을 갈 수 있게 해달라고 기도해왔는데, 벌써 수년째 어려움이 반복되니 하나님이 원하시는 길이 아닌가 싶은 마음이 듭니다. 제가 계속 나아가야 하는지, 멈춰야 하는지 잘 모르겠습니다. 살다가 만나는 어려움이 인내로 이겨내야 할 연단의 기회인지, 아니면 하나님의 뜻이 아니어서 만나게 되는 풍랑인지 어떻게 알 수 있나요?

A

장애물, 어려움, 고난, 역경은 세상에서 살아가는 우리가 피할 수 없는 일입니다. 고난은 왜 오나요? 일단은, 아담과 하와가 선악과를 따 먹고 범죄한 후에 세상이 타락했기 때문입니다. 아담과 하와가 고난이 없는 에덴동산에서 쫓겨났으니, 고난이 있는 게 당연합니다. 범죄 후, 인간은 땅에서 엉겅퀴가 나고 남자는 이마에 땀을 흘려야 하며 여자는 해산의 수고를 해야 하는 고난을 겪게 되었습니다.

제가 암에 걸렸을 때 의사에게 질문한 적이 있습니다.

"저는 담배도 안 피우는데 왜 폐암에 걸렸을까요?"

그랬더니 의사가 간단히 답변해주었습니다.

"목사님, 연세 되면 그냥 걸립니다."

나이가 들고 신체가 약해지면서 그냥 걸리게 되는 암과 같이, 이 세상 자체도 하나님의 질서가 깨지고 혼란스러워졌기 때문에 그 속에서 살아가는 우리의 삶이 고난인 것은 그냥 논리적으로 당연한 것입니다. 세상이 고난이기 때문에 고난의 바닷속에서 사는 우리는 그것을 피할 수 없는 것이지요.

고난의 종류를 보면 혼란한 세상 속에서 랜덤으로 걸리는 고난이 있고, 죄인의 고난이 있고, 의인의 고난이 있습니다. 죄인의 고난은 하나님으로부터 옵니다. 징계입니다. 사랑하시기 때문에 죄를 회개하고 돌이키게 하려고 하나님이 징계하시는 고난입니다. 그 고난은 회개하면 그칩니다.

그리고 의인의 고난이 있습니다. 의인의 고난은 사탄으로부터 오는 게 있고 하나님으로부터 오는 게 있습니다. 사탄은 의를 방해하기 위해, 낙심하게 하고 의를 포기하고 돌아서게 하려고 고난을 줍니다.

반면, 하나님이 주시는 의인의 고난은 연단하기 위함입니다. 우리를 더 강한 사람이 되게 하시려고, 하나님만 붙잡고 살아가는 사람으로 훈련시키시려고 고난을 주시는 것입니다. 그러고 보면, 위대한 하나님의 사람들은 다 광야를 거쳤습니다.

히브리어로 '광야'를 '미드바르'라고 하는데, 이는 '하나님의 말씀이 있는 곳'이란 뜻입니다. 세상의 모든 것이 다 끊어지고 오로지 하나님밖에 바랄 것이 없는 그 상황을 하나님은 때때로 우리 앞에 펼치십니다. 이런 고난은 끝까지 견디는 게 답입니다. 낙심하지 않고, 의를 포기하지 말아야 합니다. 예수님이 "의를 위하여 박해를 받은 자는 복이 있나니"라고 말씀하셨는데, 그 복과 상급을 생각하고 끝까지 견뎌야 하는 것이 의인의 고난입니다.

그런데 이런 고난의 종류보다 더 중요한 것이 있습니다. 바로, 고난 때문에 죽지 않는다는 것입니다. 개인에 따라 정도는 다르겠지만, 우리는 지금까지 살면서 수도 없이 많은 고난을 겪어왔습니다. 그런데 안 죽었습니다.

저희 둘째 아이가 형제 중에 가장 먼저 군대에 갔는데, 군인이셨던 교회의 할아버지 집사님이 아들에게 이런 얘길 해주었습니다.

"훈련받다 보면 무섭고 겁날 때가 많아. 그런데 잊지 말아라. 훈련받다 죽은 사람 별로 없단다. 자동차 사고로 죽은 사람이 많지, 훈련받다 죽은 사람은 별로 없어. 수도 없이 많은 네 선배 훈련병들이 그 길을 다 통과했어."

우리 둘째는 유격 조교를 했습니다. 유격은 한 번만 받아도 힘든데 조교를 하려니 얼마나 힘들었겠습니까? 그런데 그 할아버지 집사님의 말씀이 큰 도움이 되었다고 합니다.

'이게 힘들어도 죽지 않아. 나는 고난보다 더 강해.'

그러면서 이겨낼 수 있었다고 합니다. 조교로 군 복무한 지 다섯 달쯤 되었을 때, 아들이 이런 편지를 보냈습니다.

"아빠, 유격 재밌어."

그때 '아, 우리 아들은 이제 어디 내놔도 걱정 없다'라는 생각이 들었습니다.

하나님이 우리 아버지이시기 때문에 우리가 고난보다 강합니다. 우리는 고난 속에 있지만, 하나님은 우리를 내버려두지 않으십니다. 고난을 이길 수 있도록 지켜주시고 보호해주십니다.

믿음의 사람들이라고 고난을 안 당하지 않았습니다. 많은 믿음의 사람들이 고난을 당했지만, 하나님이 고난 속에서도 건져주시고 지켜주실 것이란 믿음을 가졌기에 견뎌내고 이겨낼 수 있었던 것입니다. 평생 수많은 고난을 겪었던 다윗은 "사망의 음침한 골짜기로 다닐지라도 해를 두려워하지 않을 것"이라고 고백하며 그 이유를 "주의 지팡이와 막대기가 나를 안위하시나이다"라고 했습니다.

믿음이 고난을 이깁니다. 그 고난이 죄로 말미암은 것이든, 의로 말미암은 것이든, 아니면 혼란한 세상 속에서 그냥 당하는 고난이든 간에 우리는 믿음으로 그 고난을 이길 수 있습니다. 하나님이 고난 중에서도 우리와 함께해주시고 지켜주십니다.

죄로 말미암은 고난이면 회개하고, 의로 인해 당하는 고난이면 인내로 견디고, 또 훈련을 위한 고난이라면 하나님만 붙잡고 이겨나갈 수 있습니다.

누구나 고난은 당합니다. 혼자 당하는 것 같지만, 고난이 없는 사람은 한 사람도 없습니다. 그리고 고난은 다 어렵고 힘들지만 우리는 고난보다 강합니다. 내가 강한 게 아니라 나를 보호하시는 하나님이 강하시기 때문입니다. 이것을 꼭 기억하길 바랍니다.

이 고난이 죄 때문에 온 고난인지, 의 때문에 온 고난인지 어떻게 알 수 있냐고 질문하셨는데, 저 같은 경우는 그에 대한 고민을 별로 많이 하지는 않습니다. 조금만 고민합니다.

조금 고민하다가 제 양심에 걸리는 것이 있으면 얼른 회개합니다. 회개할 것이 잘 생각나지 않으면 '여기에 담겨 있는 하나님의 뜻은 뭘까?' 생각합니다. 그렇게 기도하며 생각하다가 '이거다' 싶으면 결정한 후에 그냥 밀고 나갑니다. 제 생각이 맞는지 안 맞는지는 저도 잘 모릅니다. 그러나 혹 그것이 잘못 내린 판단이라 해도 제 양심에 어긋나지 않은 생각이면 하나님이 그 길을 통해서도 저의 문제를 해결해주시고 인도해주시는 것을 경험할 수 있었습니다.

정리해서 말씀드리면, 연속되는 힘든 일 때문에 이 고난의 의미가 무엇인지 모르겠고, 계속 뚫고 나가야 하는지 멈춰야 하는지 모를 때는 그냥 기도하고 결정한 후에 결과는 하나님께 맡기는 것입니다. 그리고 고난에 끝이 있다는 것과 나는 고난보다 강하다는 것, 끝까지 하나님을 붙잡고 가면 사망의 음침한 골짜기에서도 주의 지팡이와 막대기가 나를 지켜주셔서 의의 길로, 옳은 길로, 구원의 길로 인도하실 것이라는 믿음을 가지고 나아가는 것입니다.

　그렇게 주님을 향한 믿음으로 나아가다 보면 결국 고난의 삶을 이겨내고 승리할 수 있으리라 믿습니다. 사랑합니다 ♡

33 아픈 아이를 키울 때 어떤 마음을 가져야 하나요?

Q

안녕하세요, 목사님?

저는 세 아이를 둔 아빠입니다. 큰아이가 두 살 무렵, 자폐가 있을 수 있다는 말을 들었습니다. 처음엔 너무 큰 충격에 무작정 아니게 해달라고, 고쳐달라고 기도하며 막연히 '괜찮아지겠지'라고 생각하며 시간을 보냈습니다.

하지만 어쩌면 우리 아이가 평생 자폐를 가지고 살아야 할지도 모른다고 생각하니, 부모로서 너무 마음이 아프고 과연 주님의 뜻은 무엇인가 하는 생각에 힘이 들 때가 많습니다.

과연 이것이 합당한 이유가 있는 일인가요? 저희 부부는 어떤 마음을 가지고 아이와 지내야 할까요? 이런 상황 속에서 어떻게 하는 것이 하나님께 영광을 돌리는 것일까요? 더불어 아픈 아이를 둔 많은 부모에게 위로와 조언을 부탁드립니다.

A

본인이 아파도 힘든데 자녀에게 어려운 일이 생기면 답이 없지요. 게다가 평생 갈 수도 있는 일이라고 생각하면, 부모의 마음이 무너지는 게 당연합니다. 그런데 이런 상황 속에서도 어떻게 아이를 대해야 하는지, 어떻게 하는 게 하나님께 영광 돌리는 것인지를 고민하시는 것을 보고 마음이 참 뭉클했습니다. 질문 주신 것에 대해 몇 가지 생각을 정리해보았습니다.

첫째로 당연히 아이의 회복을 위해 부모로서 할 수 있는 최선을 다해야 할 것입니다. 할 수 있는 일이 어떤 것이 되었든, 포기하지 말고 그것을 해야 한다는 말씀을 먼저 드리고 싶습니다.

둘째로 동시에 현실을 인정하고 받아들이는 마음도 필요합니다. 다니엘의 세 친구 사드락, 메삭, 아벳느고가 타는 풀무불에 들어가면서 "그렇게 하지 아니하실지라도"라는 참 놀라운 고백을 했습니다. 그들의 고백처럼, 내 아이가 평생 이렇게 살 수도 있다는 가능성을 받아들이고 준비하는 것도 중요하다고 저는 생각합니다.

"왜 나한테 이런 일이 일어났는가?"

'왜'를 묻기 시작하면 혼란에 빠지기 시작합니다. 제가 몇 번 언급한 적이 있는데, 제가 암에 걸렸을 때 처음에는 저도

'왜 나지? Why me?'라고 생각했었습니다. 제가 얻은 대답은 이것이었습니다.

'너는 왜 안돼?'

누구나 걸릴 수 있고, 그 일이 나한테 찾아온 것뿐입니다. 마찬가지로 자폐 아이를 내가 낳게 되었고 기르게 되었다는 일에 자꾸 '왜 이렇게 됐지?'라고 묻게 되면 하나님과 멀어질 가능성이 참 높습니다.

물론 이렇게 말하기는 쉽지만, 자신의 암을 받아들이는 것보다 자녀의 아픔을 받아들이는 것은 훨씬 더 어려울 것입니다. 하지만 부모가 받아들이지 못한다면 부모 자신도 고통을 당하지만, 아이가 더 많은 고통을 당하게 될 것입니다. 있는 그대로 품고, 받아들이고, 인정할 수 있게 해달라고 기도하시기를 바랍니다.

찬송가 중에 "내 모습 이대로 주 받아주소서"라는 가사가 있습니다. 하나님은 우리를 받으실 때 우리가 똑똑하고 잘나고 죄 없고 의로워서, 받으실 만해서 받으시는 게 아니라 그저 있는 그대로 받아주지 않으십니까? 그게 사랑입니다. 왜냐하면 우리는 그분의 자녀이기 때문입니다. 자녀니까 있는 모습 그대로 받아주시는 것입니다.

주변 사람들의 시선이 힘들 것이라 생각합니다. 시선에 대한 중압감이 참 큽니다. 내 아이가 사람들에게 그런 시선을 평생 받으며 살아가야 한다는 것이 얼마나 괴롭겠습니까? 그런데 이겨내는 수밖에 없습니다. 무시하는 겁니다. 그리고 제일 중요한 것은, 아이가 그것을 이겨내게끔 하려면 엄마 아빠가 먼저 이겨내야 한다는 것입니다. 당당해야 합니다. '나는 내 자식이 부끄럽지 않아. 하나님이 나를 믿고 이 아이를 내게 맡겨주셨으니까 잘 키울 거야'라고 생각하는 것입니다. 그래서 있는 그대로 아이를 받아들이고 사랑해주실 수 있기를 바랍니다.

마지막으로 권면하고 싶은 게 있습니다. 저의 주변에도 자폐뿐만 아니라 여러 장애를 가진 자식을 둔 부모들이 있습니다. 그들이 종종 실수하는 것이 있는데, 그 아이에게 너무 집중하다가 장애가 없는 다른 아이를 놓친다는 것입니다. 부모를 형이나 동생에게 다 빼앗긴 아이는 외롭습니다. 그렇게 되면 장애(병) 없는 아이는 다른 마음의 장애를 갖게 되기가 쉽습니다.

물론 아픈 아이에게 마음과 손이 더 가는 건 사실이지만, 그걸 잘 배분하여 장애가 없는 아이가 외로워하지 않고 상처받지 않도록 그 아이에게도 마음과 시간 쓰는 것을 잊어서는 안 됩니다. 또 부모가 장애를 가진 자기 형제에게 어떻게 대하는지가 그 아이가 자기 형제를 어떻게 대해야 하는지를 결정하게 하는 가장 중요한 요인이 되리라 생각합니다.

　예수 믿는 사람의 집에도 햇빛이 비치고, 안 믿는 사람의 집에도 햇빛이 비칩니다. 예수 믿는 사람에게는 비 안 오고, 예수 안 믿는 사람의 집에만 비가 오는 게 아닙니다. 다 똑같습니다. 그러니까 예수 믿는다고 아이가 자폐에 걸리지 않고, 예수 믿는다고 암에 걸리지 않는 것이 아니란 말입니다.

　그렇다면 예수 믿는다는 것은 뭘까요? 똑같이 자폐에 걸렸는데, 그 자세나 행동, 처신이 다르다는 것입니다. 이렇게 암에 걸리거나 장애를 가진 자녀가 있으면, 우울해지고 절망하고 불행하다고 느끼는 경우가 있습니다. 이건 당연합니다. 누구나 다 그렇습니다. 다만 예수 믿는 사람은 예수님을 믿는 믿음으로 그것을 극복하는 것이지요. 저는 그게 하나님께 영광을 돌리는 길이라고 생각했습니다.

　저도 제 아이가 이런 상황이라면, 말처럼 쉽지 않았을 것입니다. 그런데 쉽지 않다고 넘어질 수는 없지 않습니까? 내 힘으로 극복하기 쉽지 않지만, 하나님께 이길 힘을 달라고 기도하기 바랍니다.

　흑인 영가 중에 '위 쉘 오버컴'(We shall overcome)이라는 노래가 있습니다. '위 윌 오버컴'(We will overcome)이 아닙니다.

우리의 의지로 극복하는 게 아니에요. 우리에게는 극복할 힘이 없습니다. 하나님의 주신 힘으로 극복되는 것입니다.

자신에게 닥친 고통도 아프지만, 자식의 일은 참 마음이 더 아픕니다. 그렇지만 하나님이 부모를 믿고 그 아이를 맡기신 줄 믿습니다. 있는 그대로 최선을 다해서 그 아이를 당당하게, 자랑스럽게, 훌륭하게 잘 키워내는 믿음의 부모들이 되기를 바랍니다. 하나님께서 그 힘 주실 줄 믿습니다. 사랑합니다♡

어떻게 하면 우울증을 잘 다스리고 신앙생활을 잘할 수 있을까요?

Q

안녕하세요, 목사님?

모두가 코로나로 힘든 시기입니다. 그런데 저는 우울증이란 친구를 잘 다스려야 해서 조금 더 힘든 것 같습니다. 제게 우울증이 찾아온 지 이제 일 년이 넘었고, 조금씩 나아지고 있어서 감사합니다.

그런데 우울증을 통해 하나님과의 교제 방법인 기도에 대해 다시 생각해보게 되었습니다. 그리고 기도를 잘 드리고 싶은데 쉽지 않네요. 기도에 대한 유튜브 영상도 찾아보고 책도 읽어보았지만, 여전히 기도가 어렵습니다.

제가 현재 하나님께 드리는 기도가 어린아이 수준이라 주님께 늘 부끄럽고 죄송합니다. 어떻게 하면 기도를 잘 드릴 수 있을까요? 어떻게 하면 주님과 올바른 교제를 나눌 수 있을까요? 그리고 이 우울증을 주님 안에서 어떻게 하면 잘 다스릴 수 있을까요? 목사님의 조언을 듣고 싶습니다.

A

짧은 글이지만, 보면서 우울증이 심각한 단계인 것은 아니라고 생각했습니다. 그렇게 생각한 단서 중 하나가 우울증을 '친구'라고 표현한 것입니다. 우울증을 친구 정도로 말할 수 있는 여유가 있다는 것과 또 조금씩 나아지고 있다고 스스로 느끼고 계시니, 잘 극복하시리라 믿습니다.

제가 전문가는 아니지만 우울증에 대해 조금 이야기를 해보고 싶습니다. 우울증은 누구에게나 있을 수 있지요. 더 정확히 말하면 정도의 차이가 있을 뿐, 없는 사람이 있을까요? 저는 우울증이 마음에 드는 감기 같은 것이 아닐까 생각했습니다. 너무 가볍게 생각한 것인지는 모르겠지만, 누구나 걸릴 수 있는 병이라고 생각하고, 그래서 너무 심각하게 우울증이란 것에 집착하지 않았으면 좋겠다 싶습니다.

병원 치료를 받으셨는지는 모르겠지만 감기에 걸리면 약을 먹듯이, 병원 치료 받는 일을 부정적으로 혹은 부끄럽게 생각하거나 감추려고 할 필요도 없다고 생각합니다. 전문의의 도움을 받는 것이 빠른 길이겠지요.

간혹 '크리스천이 우울증에 걸려도 되나요? 믿음이 없다는 뜻 아닌가요?'라고 묻는 분들이 있습니다. 저는 전혀 아니라고 생각합니다. 찬바람을 맞으면 감기에 걸리기도 하고 심하면 몸살에 걸리기도 하는 것이 우리의 보편적인 삶인 것처럼,

우리의 마음도 항상 강한 것은 아니니 힘든 일이나 상황이 겹치고 마음이 무너질 때는 누구라도 걸릴 수 있는 보편적인 일이라고 생각합니다. 우울증이 아무것도 아닌 것은 아니지만 누구에게나 올 수 있는 것이니, 회의에 빠지거나 너무 심각하게 집착할 필요는 없다고 생각합니다.

질문을 주신 분이 '우울증이란 친구를 잘 다스려야 한다'라는 표현을 사용하셨는데, 우울증이 대단한 건 아니지만 좋은 친구는 아니지 않습니까? 그러니까 너무 친하게 지내진 마시길 바랍니다. 우울증은 친하게 지내기보다 조금 무시해도 되는 친구가 아닌가 싶습니다.

어떤 문제든 문제를 해결하는 데는 몇 가지 방법이 있는데, 제가 제일 좋아하는 문제 해결 방법 중 하나는 '정면 돌파'입니다. 겁내지 말고, 무서워하지 말고, 정면으로 맞붙어 싸우는 것이지요. 험하게 표현하자면, 죽기 살기로 싸워야 할 문제들도 있습니다.

그런데 모든 싸움을 다 죽기 살기로 싸워야 하는 것은 아닙니다. 상대를 봐가며 싸움의 종류를 분석해서, 때로는 무시하는 것도 아주 좋은 방법이 될 수 있습니다. 상대하지 않고 무시하는 것입니다. 대수롭지 않게 여겨버리는 것입니다.

우울은, 상대해주면 점점 더 기가 살아서 우리의 발목을 잡습니다. 그러니 우울을 상대한다면, 우울과 맞붙어 싸우지 말고 반대쪽으로 공격해봐야 합니다. 우울의 반대는 무엇입니까? 즐거움, 기쁨 같은 것들입니다. 우울과 싸우지 말고 긍정적인 것들과 싸우세요. 내가 좋아하는 것이 무엇인지 찾아서 그걸 더 열심히 하는 것입니다. 보통 때는 즐거운 일을 하나둘 정도 했다면, 둘 셋 정도로 늘려서 우울과 싸우는 것입니다.

저 같은 경우, 당뇨에 좋은 운동이란 말을 듣고 육십이 거의 다 되어 골프를 시작했습니다. 제가 운동을 좋아하는데, 늦게 배운 골프가 그렇게 재미있었습니다. 골프를 시작한 지 이제 이십 년이 조금 더 지났는데, 아직도 다음 날 골프 치러 간다고 하면 아이처럼 잠을 설칩니다.

이렇듯 사람마다 특별히 좋아하고 즐거워하는 일들이 있습니다. 하나님이 허락해주신 즐거움 중의 하나라고 생각합니다. 그렇게 자기가 좋아하는 일들을 찾아내고 기억해내서 그것을 더 열심히 해보세요. 어떤 놀이를 한다든지, 음악을 듣는다든지, 여행을 가본다든지 말입니다.

그리고 더 중요한 것은, 은혜를 먼저 받는 것입니다. 제가 유튜브 설교 '날마다 기막힌 새벽'을 시작하게 된 계기도, 암에 걸린 후로 암에 대한 생각을 먼저 채우지 말고 은혜로 선점하기 위해서였다는 말씀을 드렸습니다. 우울을 생각하기 이전에 은혜로 먼저 우리 마음을 선점해야 합니다. 우울에 사로잡히면 은혜를 받는 게 어려워지거나 은혜가 약해질 수 있습니다. 그럴수록 은혜를 더 강하게 받으려고 의도적으로 노력해야 합니다.

하루의 시작을 은혜로 먼저 채우는 것, 좋아하는 일을 적극적으로 찾아서 하는 것들을 통해 우울을 물리칠 수 있기를 바랍니다.

기도에 대해서도 질문을 하셨는데, 기도는 하나님 아버지께 드리는 것이니 유창할 필요가 없습니다. 명문으로 기도해야 한다는 생각은, 하나님을 아버지로 잘 느끼지 못하는 것입니다. 어린아이 같은 기도가 더 좋은 기도입니다. 그냥 마음에서 나오는 대로, 문장을 갖추려 하지 말고 어린아이처럼 하나님 앞에 칭얼대듯 하는 기도도 좋은 기도입니다.

하나님이 우리 아버지이신데, 우리가 반듯하고 아름답게 문장을 논리적으로 잘 갖추어 기도해야만 들어주시고, 아이처럼 기도하면 무시하시겠습니까? 아닙니다. 하나님은 그냥 우리가 기도하는 걸 좋아하십니다. 그러니 기도를 꼭 잘해야 할 필요는 없습니다. 기도는 그냥 하면 되는 겁니다.

그런데 우울증이 찾아오면, 그렇게 그냥 하는 기도가 힘들 수 있습니다. 그럴 때는 기도문을 써서 읽는 것도 좋은 방법입니다. 제가 제일 잘하는 기도 방법 중 하나이기도 합니다.

광장히 어려운 문제가 생겨서 기도를 하려는데, 마음이 무겁기 때문에 기도가 잘 안될 때가 많습니다. 그럴 때 저는 기도문을 써서 가지고 다니며 짬 나는 대로 읽었습니다. 그렇게 드리는 기도가 저는 무척 좋았습니다. 너무 잘하려고 애쓰지 마시고 그냥 써서 늘 읽으며 고백하신다면, 하나님이 들어주시는 좋은 기도가 되지 않을까 싶습니다.

잘 설명이 되었는지 모르겠습니다. 특히나 우울은 질문을 보내주신 분뿐만 아니라 많은 이들이 고민하는 문제라고 생각하여 길게 설명한 것 같습니다. 도움이 되었으면 좋겠습니다. 하나님이 주시는 은혜로 잘 이겨내실 것입니다. 사랑합니다♡

35 암 판정을 받았습니다. 너무 막막합니다

안녕하세요, 목사님?

저는 최근에 암 3기 판정을 받았습니다. 곧 항암을 시작하는데, 너무 두렵고 심란합니다. 이제부터 어떤 삶이 펼쳐지나요? 아무것도 손에 잡히지 않아 무엇부터 어떻게 해야 할지 모르겠습니다.

A

마음이 심란해서 아무것도 손에 잡히지 않는다는 말이 무슨 뜻인지 너무 잘 압니다. 머리로 아는 게 아니라 몸으로 알지요. 저도 겪었으니까요. 암 판정을 받았는데 아무렇지도 않은 사람은 아마 없을 것입니다. 아무것도 손에 잡히지 않고, 당황스럽고, 어떻게 해야 할지 모르겠고 하지요. 누구나 그렇습니다.

곧 항암을 시작한다고 하셨는데, 항암이 조금 힘듭니다. 하지만, 힘들 뿐이지 다 견딥니다. 저도 견뎠지 않습니까. 지금 불안해하기만 하면 체력이 더 떨어질 수 있으니, 마음의 준비를 하면서 항암을 받을 수 있도록 체력 보강을 열심히 하는 것이 좋습니다. 영양가 있는 것을 잘 챙겨 먹고 운동하고 수면도 충분히 취하면서 최상의 컨디션으로 끌어올린 후에 항암을 시작하는 것이 좋습니다.

그런데 체력 준비를 하는 것보다 더 중요한 것은 마음의 준비를 하는 것입니다. 옛날 어른들의 말씀에 호랑이에게 잡혀가도 정신만 차리면 산다는 말이 있습니다. 지금 우리가 '암'이라는 호랑이 굴에 잡혀간 거예요. 정신을 잃으면 꼼짝없이 죽습니다. 암에 죽는 게 아니라, 정신을 잃어서 죽습니다. 그러니 정신을 바짝 차리고 마음의 준비를 해야 합니다.

사람이 보통 암에 걸리면 제일 먼저, 그리고 제일 많이 생각하는 것이 '내가 왜 암에 걸렸지? 왜 나지?'라는 질문입니다. 그러다가 하나님에 대한 원망까지 가기 쉽습니다. 저도 그랬습니다.

"하나님, 제가 왜 암에 걸렸지요?"

하나님이 대답해주시기도 전에 저 스스로 저에게 이런 대답을 해주었습니다.

'너는 왜 안 돼?'

우리가 사는 세상은 죄로 말미암아 모든 질서가 다 파괴된 곳입니다. 거기서 나타나는 보편적인 현상으로 제가 암에 걸려들었을 뿐입니다. 누구나 걸릴 수 있는 것인데, 저만 암에 걸리면 안 된다는 법이 어디 있겠습니까? 그래서 그날로 '왜 나지?'라는 생각은 털어버렸습니다. 이것이 제가 암 투병을 하는 데에 굉장히 중요했습니다.

그때부터 저는 '왜'(Why)를 생각하지 않고 '어떻게'(How)를 생각했습니다. 즉, 암과 어떻게 싸울 것인가를 생각하며, 잘 싸워 이기겠다는 '임전태세'(臨戰態勢)를 갖춘 것입니다. 암 투병에 있어서 'Why'는 아무짝에도 쓸모없는 생각입니다.

이것이 잘 안 되면 사탄이 이를 집요하게 이용합니다. '하나님이 너를 버리셨다. 넌 그렇게 고통스러운데 하나님은 어디 계시느냐?'라는 생각들을 심어줍니다. 안타깝게도 이런 생각에 사로잡혀 하나님을 원망하다가 결국 떠나는 사람들도 더러 있습니다. 저는 그런 분들에게 이런 이야기를 해주고 싶습니다.

"암에 안 걸려도 살기 힘든 마당에 우린 암까지 걸렸는데, 예수님의 손을 놓으면 어떻게 합니까? 사탄에게 속지 말고 하나님의 손을 더 붙잡아서 이 풍랑을 이겨나가봅시다."

저도 암에 걸리고 처음에는 너무 불안하고 우울하고 짜증나서 모든 게 귀찮았는데, 그런 저의 모습을 보는 게 싫었습니다. 평생 예수님을 믿으며 목사로 살아왔는데 이렇게 무너지는 것을 가족과 교인들에게 보여주는 게 싫었고, 스스로 부끄러웠습니다. 그래서 그때 마음을 추스르며 '잘 싸워봐야지' 각오했습니다.

그리고 가장 먼저 생각한 것이, 아침에 일어나자마자 말씀을 보고 찬송을 부르고 기도를 해서 내 마음과 생각이 불안과 우울로 차기 전에 먼저 하나님의 은혜로 꽉 채워야겠다는 것이었습니다.

무엇이 내 마음을 선점하느냐가 참 중요한데, 암 환자들은 눈 뜨고 일어나자마자 당황, 우울, 불안, 걱정, 염려, 원망, 짜증 같은 게 마음에 물밀듯이 들어옵니다. 그리고 나면 은혜가 들어올 자리가 없습니다. 그래서 눈 뜨자마자 불안이 먼저 채워지기 전에 말씀과 찬송으로 은혜를 받고 힘을 얻어서 무장하는 게 중요합니다. 은혜가 먼저 채워지면 우울, 당황, 불안이 들어올 틈이 없습니다. 은혜로 꽉 찼기 때문입니다. 이것이 선점의 효과입니다.

저는 이것이 아주 효과가 있었습니다. 그래서 시작한 것이 '날마다 기막힌 새벽'이라는 유튜브 설교입니다. 매일 일어나서 말씀을 준비하고, 전하고, 또 많은 분들이 동참해주시고 응원해주시니까 그것이 제게 참 큰 힘이 되었습니다. 사연을 주신 분도 매일 불안과 우울이 가득 차기 전에 먼저 말씀 보고, 찬송하고, 설교도 들으면서 하나님의 은혜로 채우시면 좋겠습니다. 암을 묵상하지 말고 은혜받는 일을 먼저 하기를 권면드립니다.

한 가지 더 권면하고 싶은 게 있습니다. 암 환자들은 시간이 나고 조금만 힘이 있으면 암을 묵상합니다. 그러면서 아직 닥치지 않은 일들을 미리 걱정합니다. 아직 안 아픈데도 미리 가불해서 오늘부터 아픈 것입니다. 그건 억울한 일입니다. 그래서 저는 '근심과 걱정과 불안은 외상으로 하자. 지금부터 미리 가불해서 먼저 걱정할 필요가 뭐가 있나. 지금은 내가 좋아하는 일을 하자. 은혜받는 일을 하자'라고 생각했습니다.

앞으로 항암을 하게 될 텐데, 저 같은 경우는 3주 간격으로 항암을 했습니다. 항암 후에 두 주간은 거의 아무것도 못 먹었습니다. 그러다 보니 졸도를 하기도 하고 걷지도 못하곤 했지요. 그러다 3주째에는 속이 좀 진정되어 밥을 먹을 수 있게 되는데, 밥이 참 대단한 게 먹으면 힘이 납니다. 그렇게 밥을 먹고 다리에 힘만 생기면 저는 골프채를 들고 골프장에 갔습니다. '가다가 쓰러지면 다시 오지' 하는 마음으로 갔는데, 아내도 말리지 않았습니다. 그런 정신이 있어야 살 수 있겠다고 생각했던 것 같습니다.

가만히 앉아 있으면 생각이 많아집니다. 그래서 될 수 있는 대로 많이 놀고, 웃고, 친구들도 만나고, 함께 밥 먹으려고 애를 썼습니다. 그게 많이 도움이 되었습니다. 저는 사실 내성적인 성격이라 사람들을 만나는 것을 힘들어하는데, 그때는 사람들이 찾아와주는 게 정말 고마웠습니다. 누군가 찾아와서 함께 이야기하고 기도하다 보면 시간이 후딱 지나갔습니다.

간혹 암을 앓는 분 중에 너무 우울하기도 하고 자신의 아픈 모습을 보여주기 싫어서 아무도 못 오게 하고 혼자서만 꽁꽁 싸매고 있는 분이 있는데, 저는 오히려 누군가 온다고 하면 거절하지 말고 만나서 함께 시간을 잘 보내기를 권하고 싶습니다. 암을 묵상하는 대신 즐거운 일들을 하다 보면 항암의 시간도 잘 견뎌낼 수 있으리라 믿습니다.

제가 예수 믿으면서 가지고 있는 삶의 철학 같은 게 있습니다. '정면 돌파'입니다. 그래서 제가 이런 표어를 만들기도 했습니다.

"싸우면 7일, 도망가면 40년."

무서워도 정면으로 맞서서 싸우는 것입니다. 우리는 하나님을 믿으니까, 그 하나님을 붙잡고 말입니다. 암은 골리앗 같고 우리는 다윗 같습니다. 다윗은 돌팔매질 잘해서 골리앗과 싸운 것이 아닙니다. 힘이 있어서 싸운 게 아닙니다. "우리 아버지가 하나님이야" 하는 믿음으로 싸운 것입니다. 그래서 정면 돌파하여 골리앗도 이기지 않았습니까.

이스라엘 백성들은 여리고 성과 맞붙는 것이 무서워도 하나님을 믿는 믿음으로 싸웠으면 칠 일만에 가나안에 들어갔을 것을, 하나님이 계심에도 불구하고 뒤꽁무니를 빼다가 사십 년이나 걸려서 들어갔습니다. 그것도 당사자들은 못 들어가고 후손만 들어갔지요.

그래서 정면으로 돌파하는 것이 중요합니다. 무섭다고 암에게 등을 보이고 도망가면 집니다. 그러니 하나님을 믿는 믿음으로 정면으로 돌파하라고 권면해드리고 싶습니다.

저는 요즘 암이 옷과 같다는 생각을 합니다. 저의 막내아들이 빈티지숍을 운영하는데, 제 기준에는 쓰레기통에 버려야 할 것 같은 옷들을 팔 때가 있습니다. 뭐 묻고, 구멍 나고, 단추 떨어진 옷들 말입니다. 그런데 그런 것을 예쁘게 보고 사 가는 사람이 있습니다. 옷에 담긴 세월의 흔적을 예쁘게 보는 것 같습니다. 그런 옷을 입을 때 '이런 옷을 어떻게 입어?' 하는 마음으로 입으면 태가 안 납니다. 하지만 자기만의 철학을 가지고 입으면 신기하게도 옷이 어울립니다.

저는 암도 그런 옷 같다고 생각했습니다. 암은 정말 쓰레기

통에 버리고 싶은 옷인데, 그래서 암이란 옷을 걸치기만 하면 쪼그라드는 것 같고 우울해지고 못나지는 것 같은데, 당당하게 '어차피 온 것을 어떡하겠어'라는 마음으로 근사하게 코디하면 오히려 멋있어 보이지 않을까 생각했습니다.

'아니, 암이란 옷을 어떻게 저렇게 코디해낼 수 있을까? 암에 걸렸는데 어떻게 저렇게 평안할 수 있을까? 암에 걸렸는데 어떻게 저렇게 하루하루를 근사하게 남들보다 더 열심히 살 수 있을까?'

이런 것들이 암을 근사하게 코디하는 것 아닐까요? 지금 질문을 주신 분도 암에 걸려서 너무 당황스럽고 우울하고 힘들겠지만, 이왕이면 암을 근사하게 입어서 잘 소화해내고 코디해내는 그런 은혜가 있기를 바랍니다. 힘든 일이지요. 하지만 누구나 다 할 수 있습니다. 우리는 예수 믿는 사람이니 말입니다. 힘내시기 바랍니다. 사랑합니다♡

36 어린 아들을 먼저 데려가신 하나님이 이해되지 않습니다

Q

안녕하세요, 목사님?

저는 태어난 지 삼 주 된 아들을 천국으로 먼저 보냈습니다. 이해도 되지 않고, 슬프고, 화가 납니다. 하나님은 대체 왜 이런 일들을 허락하신 걸까요? 저의 가장 간절한 기도를 들어주지 않으신 하나님께 자꾸 화가 납니다. 이제 어떻게 해야 하나요?

A

대답해드리기 너무 어려운 질문입니다. 제가 무슨 말로 위로할 수 있겠습니까. 예수님이 태어나셨을 때 별을 보고 예수님을 찾으러 온 동방 박사들이 헤롯 궁전에 가서 "유대인의 왕으로 나신 이가 어디에 계시느냐"라고 물었습니다. 그 소리를 듣고 헤롯이 베들레헴과 그 인근에 태어난 두 살 아래의 남자 아이들을 모두 죽였습니다. 그때 죽은 아이들의 부모들은 얼마나 슬프고 마음이 아팠을까요. 곡하는 소리가 천지에 진동하였는데, 성경에 이런 표현이 있습니다.

"… 위로받기를 거절하였도다 …"(마 2:18).

극한의 슬픔에 처해 있을 때는 어떤 위로도 위로가 되지 않을 것입니다. 갓 태어난 자녀를 먼저 떠나보낸 부모의 마음도 그럴 것이라고 생각합니다.

지금은 위로가 될 시간이 아닙니다. 이해할 수 없고, 화도 나고, 기도도 할 수 없고, 하나님이 원망스러운 것은 너무나 당연한 일입니다. 그런 것으로 자책하지 마세요. 한 가지 분명한 것은, 하나님도 그것 때문에 책망하지 않으실 것이란 사실입니다. 하나님도 다 아십니다. '네가 얼마나 힘이 드니? 얼마나 화가 나니? 얼마나 원망스럽니?'라고 하시며 이해해주시지, '왜 그런 일을 가지고 기도를 안 해? 왜 나를 원망해?'라며 책망하실 하나님이 아니십니다. 하나님은 우리의 아픔을 아시며 함께 아파하시고 힘들어하시는 분이십니다.

그런데 왜 이런 일이 일어날까요? 사실 하나님이 이런 세상을 만드신 것이 아닙니다. 하나님이 본래 우리를 위해 만들어주신 세상엔 죽음이 없었습니다. 아픔도, 슬픔도, 고통도 없는 에덴이었습니다. 하나님이 이런 세상을 만들어주신 것이 아니라 우리가 죄를 지음으로 파괴한 것입니다. 죄가 이 땅에 들어오면서 창조의 질서가 파괴되니까 창조 이전의 혼돈과 어두움으로 돌아간 것입니다. 삶이 무질서해진 겁니다.

저는 암 환자입니다. 암은 세포의 돌연변이로 생긴 것이지요. 돌연변이는 예측 불가입니다. 정해진 규칙이 없기에 '돌연변이'입니다. 무질서하게 랜덤으로 일어나는 것입니다. 그게 지금 우리가 살아가는 세상입니다.

그런 세상에서 사랑하는 자녀에게 안타까운 일이 생긴 것입니다. 이 땅에는 죽음이 존재하는데, 그 죽음에는 정해진 시간이 없습니다. 어떤 사람은 백 년을 살기도 하고, 어떤 사람은 한 달도 채 살지 못하고 죽습니다. 정해진 규칙이 없고, 질서가 없어서 벌어지는 일들입니다. 이런 일은 죄로 말미암아 세상이 망가지면서 생기게 된 일들입니다.

요한계시록 21장에 이런 말씀이 있습니다.

또 내가 새 하늘과 새 땅을 보니 처음 하늘과 처음 땅이 없어졌고 바다도 다시 있지 않더라 또 내가 보매 거룩한 성 새 예루살렘이 하나님께로부터 하늘에서 내려오니 그 준비한 것이 신부가 남편을 위하여 단장한 것 같더라 내가 들으니 보좌에서 큰 음성이 나서 이르되 보라 하나님의 장막이 사람들과 함께 있으매 하나님이 그들과 함께 계시리니 그들은 하나님의 백성이 되고 하나님은 친히 그들과 함께 계셔서 모든 눈물을 그 눈에서 닦아주시니 다시는 사망이 없고 애통하는 것이나 곡하는 것이나 아픈 것이 다시 있지 아니하리니 처음 것들이 다 지나갔음이러라 **계 21:1–4**

죄로 말미암아 우리가 파괴한 하나님의 나라가 재건될 것인데, 그것이 '새 하늘과 새 땅'입니다. 새 하늘과 새 땅에는 죽음도, 애통함도, 슬픔도, 눈물도, 원통함도, 괴로움도 없습니다. 그런 새 하늘과 새 땅을 성경은 이렇게 표현합니다.

"신부가 남편을 위하여 단장한 것 같더라."

보통 예수님을 신랑으로, 그리스도인을 신부로 비유합니다. 그런데 이 말씀에서는 그것이 바뀌었습니다. 예수님이 신부가 되셔서 신랑을 맞는 신부가 단장하듯이 준비하셨다고 합니다. 그것이 하나님의 나라입니다.

요한복음에서는 이렇게 말씀하셨습니다.

내가 너희를 위하여 거처를 예비하러 가노니 가서 너희를 위하여 거처를 예비하면 내가 다시 와서 너희를 내게로 영접하여 나 있는 곳에 너희도 있게 하리라 **요 14:2,3**

예수님이 우리를 위해 마련하시는 거처가 하나님나라입니다. 그 하나님나라에 들어가는 나이는 정해져 있지 않습니다. 태어난 지 한 달 만에도 가고, 백 년 만에도 가고, 오십 년 만에도 갑니다. 중요한 것은, 언제 가든 하나님나라에 가면, 그곳에는 죽음이 없고 아픔이 없으며, 공평한 곳이란 것입니다.

자녀를 잃은 부모에게 무슨 말을 전할 수 있겠습니까? 어떤 말로도 위로가 불가합니다. 그러나 이 사실을 놓치면 안 됩니다.

'나의 사랑하는 아이가 이 땅에서는 너무나 짧은 시간밖에 살지 못했지만, 나보다 먼저 하나님나라에 가서 영원한 삶을 살게 되었다. 내 아이는 그 나라에 먼저 들어갔고, 나는 내 아이보다 조금 늦게 가서 영생에 합류할 것이다.'

사랑하는 우리 아이를 다시 못 만나는 것이 아닙니다. 그것이 우리의 유일한 소망이 됩니다. 그러니 이 소망마저 끊어진다면 평생 위로받을 수 없는 삶을 살아가게 됩니다.

사탄은 이 소망을 끊으려고 합니다. 소망이 하나님 안에 있는데, 자꾸만 하나님을 원망하는 마음에 불을 지피고 이간질을 합니다. 그러다 믿음이 약해져서 하나님나라의 소망이 끊어지게 되면, 그래서 영원한 하나님나라에서 우리 사랑하는 아이를 못 만나게 되면, 그처럼 슬픈 일은 없을 것입니다.

지금은 억지로 하나님을 찬양하려고 하지 마세요. 안 되는 게 당연합니다. 억지로 기도하려고 하지 마세요. 내 힘으로 못 합니다. 지금은 그냥 붙잡고 떨어지지만 않으면 됩니다. 사탄이 아무리 충동질을 해도 그것만 차단하고 어떻게든 하나님께로부터 떨어지지 않기를 바랍니다.

하나님을 모르는 세상 사람들은 '세월이 약이다'라고 말합니다. 하지만 아닙니다. 세월이 약이 아니라, 하나님이 약이십니다. 하나님이 다시 살 수 있는 힘을 주십니다. 그 힘을 가지고 이 땅을 살면서 다시 웃을 수 있게 될 것입니다. 그리고 우리는 믿음으로 하나님나라에 갈 것이고, 먼저 그 나라에 간 사랑하는 자녀를 다시 만나게 될 것입니다.

끝으로, 한 가지만 더 말씀드리고 싶은 게 있습니다. 하나님나라는 죽어서만 가는 나라가 아닙니다. 믿으면 이 땅도 하나님의 나라가 됩니다. 하나님의 나라에는 눈물이 없고, 슬픔이 없고, 애통이 없다고 했는데, 어떻게 그럴 수 있을까요? 하나님이 닦아주시기 때문입니다. 이다음에 우리가 죽어서 천국에 갔을 때 그곳에서 눈물을 닦아주시는 게 아니라, 믿음으로 이 땅에서 하나님나라의 삶을 사는 지금 우리의 눈물을 하나님이 닦아주십니다. 지금 그 마음에 가득한 애통을 하나님이 닦아주실 것입니다. 세월이 슬픔을 닦아주는 게 아니라 하나님이 닦아주십니다.

이 땅에서부터 하나님나라를 살 수 있는 힘을 주실 것을 믿는 믿음을 가지고, 지금은 그냥 가만히 계시면 됩니다. 삶을 놓치지 않도록 지금은 꼭 붙잡고 잘 견디시기를 바랍니다. 그러면 하나님이 닦아주십니다.

우리도 이 땅에서 영원히 살지 않습니다. 아마도 훗날 돌아보면 그리 길지 않을 것입니다. 그때 하나님나라에 가서 사랑하는 아이를 만나게 된다면, 그래서 사랑하는 아이의 죽음이 마음 아픈 죽음으로 끝나지 않도록 부활하게 하시고 영생하게 하신 하나님을 만나게 된다면, 이전에 조금이라도 원망했던 그 마음이 풀어질 것입니다. '아, 내가 이 하나님을 몰랐구나. 하나님이 우리에게 이런 삶을 주시려고 그렇게 하셨구나'라고 고백하며 감사와 찬양이 저절로 넘쳐나게 될 것입니다.

하나님만이 위로하실 수 있습니다. 그 하나님이 지금 마음에 가득한 눈물을 닦아주시고 애통하는 마음을 풀어주시길 바랍니다. 그래서 영원한 생명과 병듦과 아픔이 없는 온전한 삶을 주시기 위해 주께서 하신 일을 보면서 찬양하는 날이 속히 오도록 하나님이 역사해주시기를 바랍니다. 사랑합니다♡

임종 직전에 한 영접 기도, 믿음이 맞나요?

Q

안녕하세요, 목사님?

믿지 않으시던 아버지가 얼마 전에 돌아가셨는데, 감사하게도 돌아가시기 전에 영접 기도를 하셨습니다. 어머니가 아직 믿음이 없으셔서 영접 기도에 대해 이해는 못 하셨지만, 아버지가 돌아가신 후에 너무 힘들어하시기에 "아버지는 천국에 가셨을 거예요. 하나님을 믿으면 천국 가서 다시 만날 수 있어요"라고 말씀드리니 위로를 받으시는 것 같았습니다. 그리고 어머니도 영접 기도를 하셨습니다.

그런데 막상 그러고 나니 제 마음에 '돌아가시기 직전에 한 영접 기도도 믿음으로 인정받을 수 있을까?'란 생각이 떠나질 않습니다. 임종 직전에 드린 영접 기도도 믿음으로 인정받을 수 있나요?

굉장히 중요하고 좋은 질문을 해주셨습니다. 아마 많은 분들이 궁금해하는 부분일 것으로 생각합니다. 평생 예수님을 안 믿으시다가 돌아가시기 직전에 영접 기도한 것을 믿음이라고 할 수 있을까, 과연 구원을 얻었다고 할 수 있을까. 이 질문에 대한 아주 정확한 답이 성경에 나와 있습니다. 바로 예수님이 십자가에 달리실 때 그 옆에 달렸던 강도의 이야기입니다.

예수님은 죽기 직전 그 강도의 고백을 인정하고 받아주셨습니다. 그리고 자신을 기억해달라고 하는 그 강도에게 "오늘 네가 나와 함께 낙원에 있으리라"라고 하셨습니다. 평생 하나님을 믿지 않았던 강도는 구원받았습니다.

그 강도는 하나님을 믿지 않았을뿐더러 아주 흉악했습니다. 그런 사람이 죽기 직전에 가서야 예수님을 인정하고 자기도 구원해달라며 예수님을 붙잡는데, 예수님은 조금도 망설이지 않고 확신을 주셨습니다.

성경을 보면 예수님이 말씀하시며 '진실로'라는 단어를 쓰실 때가 있습니다. 제가 신학교에 다닐 때 외국의 어느 신약학 교수님이 오셔서 설교를 하셨는데, 이런 말씀을 해주셨습니다. '진실로'라는 말이 우리가 쓰는 '아멘'과 같은 말이라는 것입니다. 예수님이 어떤 행동을 보고 감동하셨을 때, 우리가 '아멘' 하는 것처럼 '진실로'라는 말씀을 하신다는 겁니다. 그러니까 예수님이 '내가 진실로'라고 말씀하신 부분의 앞을 보면 예수님이 감동한 사건이 있다는 것입니다.

그중 하나가 백부장 사건입니다. 예수님은 백부장의 믿음을 보시고 "내가 진실로 너희에게 이르노니 이스라엘 중 아무에게서도 이만한 믿음을 보지 못하였노라"(마 8:10)라고 하셨습니다. 그리고 지금 살펴보고 있는 십자가에 달린 강도의 이야기가 있습니다. 예수님은 십자가에 달린 강도에게 구원의 말씀을 주시면서 이렇게 말씀하셨습니다.

내가 진실로 네게 이르노니 오늘 네가 나와 함께 낙원에 있으리라 하시니라 눅 23:43

강도가 죽기 직전에 예수님을 받아들인 것에 아주 감동하셨다는 뜻입니다. 이는 임종 직전에 한 영접 기도 역시 믿음이 맞고, 주님은 이 일에 오히려 감동하신다는 것입니다. 그렇다는 것은, 예수님의 십자가 옆에 달렸던 강도도 구원받았고, 돌아가신 아버지도 구원받은 것이 확실합니다.

그러면 어떻게 이런 일이 일어날 수 있을까요? 어떻게 임종 직전에 영접한 것만으로 구원받을 수 있을까요? 예전에 제가 설교하면서 이런 예를 든 적이 있습니다. 관계에 따라 행동이 더 중요한 관계가 있고, 마음이 더 중요한 관계가 있다고 말입니다.

A와 B라는 두 사람이 있다고 해봅시다. A와 B가 친하게 지내다가 어떤 일 때문에 사이가 틀어졌습니다. B가 A에게 천만 원 정도의 손해를 끼쳤습니다. 그런데 B가 자신의 잘못을 인정하며 사과합니다.

"내가 잘못했어. 미안해."

그런데 A와 B가 남남의 관계라면 진심으로 뉘우치고 잘못을 인정하는 일은 큰 의미가 없습니다. 물론 중요하지만, 그보다 더 중요한 것은 천만 원의 손해를 갚아주는 행위입니다. 손해배상은 안 하고 말과 마음으로만 미안하다고 하면 A는 화를 낼 것입니다. "네가 인정하고 사과하는 건 좋은데 손해는 배상해야지? 돈은 갚아줘야 할 것 아니야?"라고 할 것입니다.

그런데 A와 B가 부모와 자식 관계라면 어떨까요? 자식이 부모에게 큰 손해를 끼쳐서 관계가 나빠졌습니다. 어느 날 자식이 찾아와서 돈 천만 원을 내놓고 "이제 돈 갚았으니 됐죠?"라고 하면 어떨까요? 돈만 갚는다고 문제가 해결되나요? 아닙니다. 부모와 자식 관계에 있어서 더 중요한 것은 돈을 갚는 행위보다 마음입니다. 마음이 진심으로 돌아서지 않으면 아무리 큰돈을 가져와도 관계가 회복되지 않습니다.

그런데 거꾸로 돈은 못 갚아드려도 "아버지, 어머니, 제가 잘못했어요. 용서해주세요"라고 하면, 부모는 그것으로 끝입니다. 말로만이 아니라 마음으로 인정하고 사과한다면 그것이 받아들여지는 것입니다.

믿음은 마음이지요. 마음으로 인정하는 믿음이 중요한 것은, 하나님이 우리의 아버지이시기 때문입니다. 우리가 무언가를 갚아야 하고 대가를 지불해야 하는 사이가 아니라는 말입니다. 진심으로 마음의 문을 열고 하나님을 아버지로 인정해드리고 영접하는 것이 하나님께는 억만금보다 더 귀한 일이고 착한 일이 되는 것입니다. 그래서 믿음으로 구원을 얻는 것입니다.

그렇다고 값없이 구원을 얻는 것인가요? 아닙니다. 값이 왜없나요? 엄청난 값을 치렀지요. 다만 내가 치르지 않고 아버지가 치러주신 것입니다. 그것이 십자가입니다. 주님이 엄청난 대가를 치르셨기 때문에 사탄도 '어떻게 죽기 전에 영접 기도한 것만으로 구원을 받습니까? 어떻게 흉악한 강도가 천국에갈 수 있습니까?'라고 말하지 못합니다. 하나님이 독생자 예수 그리스도를 통해 갚아주셨기 때문에, 값없이 얻었다는 생각을 못 하게 하는 것입니다.

임종 직전에 영접 기도를 하신 아버지는 값없이 구원을 얻으신 게 아니라 이미 그 구원의 값을 예수님이 치러주셨기 때문에 엄청난 값을 치르고 구원을 얻은 것입니다. 우리도 자식의 빚을 갚아줄 수 있으면 갚아주지 않습니까? 하나님이 우리의 아버지이시기 때문에 임종 직전에 영접 기도한 것만으로도 충분히 구원을 얻고, 하나님이 기뻐하시며, 예수님이 진실로 감동하시는 것입니다.

믿지 않는 가족을 전도하고 가정의 선교사 역할을 하시니 하나님이 많이 기뻐하시고 칭찬하시리라 생각합니다. 사랑합니다♡

안녕하세요 목사님 질문 있어요

초판 1쇄 발행	2023년 12월 29일
초판 2쇄 발행	2024년 1월 5일

지은이 김동호

펴낸이 여진구
책임편집 이영주 박소영
편집 최현수 안수경 김도연 김아진 정아혜
책임디자인 노지현 조은혜 | 마영애 이하은
홍보·외서 진효지
마케팅 김상순 강성민　　　　　　　　　　**마케팅지원** 최영배 정나영
제작 조영석 허병용　　　　　　　　　　　**경영지원** 김혜경 김경희 이지수

303비전성경암송학교 유니게 과정
이슬비전도학교 / 303비전성경암송학교 / 303비전꿈나무장학회

펴낸곳 규장

주소 06770 서울시 서초구 매헌로 16길 20(양재2동) 규장선교센터
전화 02)578-0003　　팩스 02)578-7332
이메일 kyujang0691@gmail.com　　　　　　홈페이지 www.kyujang.com
페이스북 facebook.com/kyujangbook　　　 인스타그램 instagram.com/kyujang_com
카카오스토리 story.kakao.com/kyujangbook
등록일 1978.8.14. 제1-22

ⓒ 저자와의 협약 아래 인지는 생략되었습니다.
이 출판물은 저작권법에 의해 보호를 받는 저작물이므로 무단 전재와 무단 복제를 할 수 없습니다.

책값 뒤표지에 있습니다.
ISBN 979-11-6504-490-9 03230

규 | 장 | 수 | 칙

1. 기도로 기획하고 기도로 제작한다.
2. 오직 그리스도의 성품을 사모하는 독자가 원하고 필요로 하는 책만을 출판한다.
3. 한 활자 한 문장에 온 정성을 쏟는다.
4. 성실과 정확을 생명으로 삼고 일한다.
5. 긍정적이며 적극적인 신앙과 신행일치에의 안내자의 사명을 다한다.
6. 충고와 조언을 항상 감사로 경청한다.
7. 지상목표는 문서선교에 있다.

하나님을 사랑하는 자 곧 그의 뜻대로 부르심을 입은 자들에게는 모든 것이 合力하여 善을 이루느니라(롬 8:28)

규장은 문서를 통해 복음전파와 신앙교육에 주력하는 국제적 출판사들의
협의체인 복음주의출판협회(E.C,P,A:Evangelical Christian Publishers
Association)의 출판정신에 동참하는 회원(Associate Member)입니다.